香海文化

香海文化

香海文化

香海文化

香海文化

香海文化

香海文化

香海文化

香海文化

香海文化

香海文化

香海文化

香海文化

香海文化

香海文化

香海文化

香海文化

香海文化

香海文化

度一切苦厄

迷悟之間②

香海文化

總序

從二〇〇〇年四月一日開始，我每日提供一篇「迷悟之間」的短文給《人間福報》，寫了近四年，共一一二四篇。今香海文化將之結集編成十二本書，出版在即，向我索取一篇總序。

這兩三年來陸續結集的前六集《迷悟之間》，截至目前發行量已近兩百萬冊。每集皆獲得熱烈的迴響，如：持續被金石堂、誠品等大書局列為暢銷書排行榜；榮獲國軍指定為優良讀物；諾貝爾文學獎得主高行健先生，和三十一所高中校長聯合推薦，以及許多讀書會以此書作為研讀討論的教材、不少學生因看了《迷悟之間》而提昇寫作能力等等。

由於此書具有人間性和普遍性，也深受海外人士的喜愛，除了中文版，其他國家語言的版本有：英文、德文、西班牙文、韓文、日文……，全球各種譯本的發行量突破了五十萬冊。尤其難得的，中國大陸已有多家出版社來洽談《迷悟之間》與《佛光菜根譚》之版權授與事宜，相信不久，這些著作也能在中國大陸正式出版發行。

曾有幾位作家疑惑的問我：「每日一篇的專欄，要持續三、四年，實非易事！您又雲水行腳，法務倥傯，是怎麼做到的呢？」

回顧這些年寫《迷悟之間》的情形，確實，我一年到頭在四處弘法，極少有完整的、特定的寫作時間。有時利用會議或活動前的少許空檔，完成一、兩篇；有時在跑香、行進間，思緒隨著腳步不停的流動；長途旅行時，飛機艙、車廂裡，更常是我思考、寫作的好場所。

每天見報，是一種不可推卸的責任；讀者的期待，則是不忍辜負的使命。雖然不見得如陸機的〈文賦〉所言「思風發於胸臆，言泉流於唇齒」，但因平時養成讀書、思考的習慣，加上心中恆存對國家社會、宇宙人生、自然生命、生活現象、人事問題等等的留意與關懷，所以，寫這些文章並不是太困難的事。倒是篇數寫多了，想「題目」成了最讓我費心的！因此，每當集會、閒談時，我就請弟子們或學生們腦力激盪，提出各種題目。只要題目有了，我稍作思考，往往只要三、五分鐘，頂多二十分鐘，就能完成一篇或講理述事、或談事論理的文章。

在此也要說明，由於年紀大了，我的右手常會顫抖，握筆不易，這一千餘則的文章大都是由我口述，弟子滿義等紀錄。尤其滿義認真耐煩，擔任書記工作十多年，熟悉我的口音，也比較明白我所要表達的內涵。他交過來的稿子，我常是稍作修潤即可付印。

猶記當初為此專欄定名時，第一個想到的名稱是「正邪之間」，繼而一想，「正邪」二字，無論是文字或意涵，都嫌極端與偏頗，實在不符合佛教的中道的精神，遂改為「迷悟之間」。我們一生當中，誰不曾迷？誰不曾悟？迷惑時，無明生起，煩惱痛苦；覺悟後，心開意解，歡喜自在。

曾經有些讀者因為看了《迷悟之間》而戒掉嚼檳榔、賭博、酗酒的壞習慣；也有人因讀了《迷悟之間》而心性變柔軟，能體貼他人，或改善家庭生活品質，甚至有人因而打消自殺的念頭，凡此，都是令人欣慰的迴響。

《六祖壇經》裡寫道：「不悟，佛是眾生；一念轉悟，眾生是佛。」迷與悟，常常只在一念之間！祈願這一千餘篇的短文，能輕輕點撥每個人本自具足的清淨佛性，讓閱讀者皆能轉迷為悟、轉苦為樂、轉凡為聖。

二〇〇四年七月　於佛光山法堂

編者序

◎蔡孟樺

星雲大師著作等身，作品除佛學理論與佛教哲學為主，也有純文學和散文類的創作，可說大師是一位融和世出世法、貫通古今人世、獨具慧眼觀瞻、了達宗教行解的文學大家。

《迷悟之間》曾是星雲大師所創辦之《人間福報》的頭版專欄，每篇針對人世間的「迷」與「悟」，剖析社會問題的癥結，以及人心的種種善惡好壞。主題充滿多元性，不論是個人的立身處世、勵志修行，到居家的親子之道、婆媳相處或家庭倫理，亦有對社會時事的評析，對世界和平的建言，尤其是人生哲學、信仰生活、佛法義理、自然生命等，大師都有其充滿智慧的洞見與深具新意的觀點。

有人這麼描述自己閱讀大師《迷悟之間》的心情：

我每日早上起床，就會先到門外將《人間福報》收到房裡，然後迫不及待地先將星雲大師「迷悟之間」專欄默讀一遍。在漱洗清潔後，把早餐準備好，就和先生一起邊喝著咖啡，邊談「迷悟之間」的義理哲思。在出門之前，我會陪小孩朗誦一篇「迷悟之間」，期許孩子將大師的話作為一日思想的準依。每日就在「迷悟之間三部曲」中度過充實的早晨。

相信不少人閱讀大師的專欄文章，皆有相同的體會與歡喜。

在星雲大師弘法五十年、筆耕一甲子的紀念之期，為了讓普羅大眾共霑法益，香海文化特將大師四年來所撰寫的「迷悟之間」專欄結集成套書十二冊，共計一一二四篇文章，依《人間福報》刊載日期順序編排，並全彩精裝印刷及別致的書盒包裝，內容還附有千餘張精美圖照，使這套「精裝典藏版」的《迷悟之間》成為佛光檀家的傳家寶藏、人人行佛的修行寶典。

香海文化非常榮幸能編輯這套書，期望透過《迷悟之間》給人明白善惡、懂得是非、驅邪顯正、轉迷為悟；將「悟」心找回來，更能讀懂一個人、讀明一點理、讀悟一點緣、讀懂一顆心。

（本文作者為香海文化執行長）

目錄

給人一些因緣

在人世間，有許多的好事值得我們去做，例如布施、守法、奉獻、服務等；在很多的善法之中，沒有比「給人一些因緣」更爲重要。

田園裡的花草，你給它一些雨露，它會生長得更美麗；樹上的鳥雀，你給牠一些稻穀，牠會展現嘹亮的歌喉。學生，你給他一些鼓勵，就是給他一些好因好緣；老師，你給他一些讚美，就是給他一些好因好緣。

好的商品，你幫助它推薦；選賢與能，你幫忙他拉票，這都是給人好因好緣。有時候用一個鼓勵的眼神，也能助人向上；甚至隨喜隨緣，不障礙別人的好事，更是無上的好因好緣。

其實，世間上可以給人因緣的地方很多，父母子女之間應該互相給予好因好緣；同事朋友之間，也應該彼此給予對方一些好因好緣。佛陀在臨涅槃時說：「與我有緣的眾生，我皆已度脱；與我沒有來往的眾生，我也已經爲他們作了得度的因緣。」

佛教史上，因爲安道誠布施了十兩助道金給惠能大師，後來終於成爲一代祖師；黃檗希運叫臨濟義玄參訪高安大愚，他終於言下大悟，故有後來的臨濟子孫滿天下。

馬祖道一的嫂嫂經其指導，終於在「聽雞蛋」多年之後，悟道得度；世親菩薩因爲胞兄無著的接引，故能「回小向大」，成爲千部論師。

有的人用一句話，可以給人入道因緣；有的人寫一封推薦書，也可以助人留名青史。唐朝「文起八代之衰」的大文豪韓愈，參訪大顚和尚時，因爲侍者一句「先以定動，後以智拔」，終於尋得佛法的入門；齊國大夫寧戚，因爲管仲的一封介紹函，終受齊桓公的重用，後來果然幫助桓公遊說宋國，使宋國不戰而降，加入盟約。

歷史上多少領袖，之所以成爲領袖，都是因爲他們肯給人一些因緣，才能讓他人有所成就；企業界之所以能延攬人才，也是因爲提供好的因緣機會，才能讓各種人才發揮所長。

在不傷害自己而於人有利的情況下，給人因緣越多越好。給人一些好因好緣，就是自己廣結善緣之道，也是自我成就之道；給人一些好因好緣，不但利人，而且利己，何樂而不爲呢？

《人間福報》二〇〇〇年七月二日

人生的敵人

敵人，就是和我們作對的人、障礙我們的人、陷害我們的人、想要消滅我們的人；但是，眞正的敵人，其實就是我們自己。

爲什麼我們自己是自己的敵人呢？我懶惰，懶惰就是我的敵人；我怨恨，怨恨就是我的敵人；我自私，自私就是我的敵人；我虛假，虛假就是我的敵人。

一個人如果不重視情義，朋友都是我們的敵人；一個人如果利益不能分享大家，親人眷屬也都是我們的敵人。甚至不照顧家庭，家人也是我們的敵人；不淨化思想、不培養正念，自己的身心都是我們的敵人。

如果我們不愛護國家，出賣國家當漢奸，等到國破家亡，做了亡國奴，自己不就是自己的敵人？不盡職工作，任令工廠倒閉，生意關門，自己失業了，這不就是自己是自己的敵人嗎？

有的人喝酒，酒能亂性闖禍，這不就是自己成爲自己的敵人？花天酒地，不重視健康，身體病了，自己不就是自己的敵人嗎？

賢能的人本來應該親近，視爲朋友，但是你妒賢害能，結果自己也沒有得到利益，反而失敗，這不就是自己成爲自己的敵人嗎？同室操戈、兄弟鬩牆，看起來好像是打擊別人，實際上是削弱自己的手足，這不是自己是自己的敵人嗎？

佛經上說：「魔鬼不在心外，魔鬼是在自己的心中。」我們的身心養了很多的魔鬼敵人：貪瞋愚癡、消極疑嫉，都是我們的敵人；憂悲煩惱、傲慢自大，也都是我們的敵人啊！

禪宗四祖道信禪師當初參訪僧璨禪師時，請求僧璨禪師爲其開示解脫的法門。僧璨禪師反問道信：「誰束縛你？」道信想了一想，說：「沒有人束縛我。」僧璨禪師道：「既然沒有人束縛你，你又何必另求解脫的法門呢？」可見我們都是「自我束縛」，自己障礙自己。

王陽明說：「擒山中之賊易，捉心中之賊難。」自己的敵人在自己的心中；心外的敵人容易對付，心中的敵人不容易降服。所以《金剛經》要我們「降伏其心」；能夠「降伏其心」，才能降伏自己的敵人，也就是我們自己！

《人間福報》二〇〇〇年七月三日

婚外情

人，是由情愛而生的；情愛助長了人生，也困擾了人生。尤其婚外情，造成多少家庭的不幸，甚至多少人因此身敗名裂，悔恨終身。

異性相愛，是很難得的因緣，男女雙方經過互相追求、互相戀愛，獲得了社會的認可、家人的同意，千辛萬苦才結成良緣，本來是應該被祝福的美事。但是，花無百日紅，人無千日好，世事風雲變幻，令人難以逆料，只要夫妻任何一方發生了婚外情，從此家庭、事業、名譽、子孫、金錢的因緣果報糾纏，難以清楚。

爲什麼會發生婚外情呢？其中必有原因！婚外情一旦成爲事實，如果只在結果上計較，根本於事無補，難以挽回；若能在造成婚外情的原因上，找到癥結所在，這才重要。

造成婚外情的原因，往往都是怨怪第三者的加入。其實，第三者之外，男女雙方都沒有責任嗎？例如，有的人忙於自己的事業、社交、應酬，以致疏於照顧家庭、關心對方，因此讓第三者有機可乘；甚至有時候是因爲雙方意見不合、習慣不同、認知差異、成就懸殊等。總之，不能讓對方滿足，最容易發生婚外情。

婚外情的初期，有了蛛絲馬跡的現象，如果雙方沒有用體貼、關

懷、愛護，去彌補缺陷，反而怨怪對方這個不好、那個不是，結局可想而知。因爲，「愛，才能贏得愛」，這是必然的結果；如果相互怨恨爲「因」，怎麼能贏得愛情的結「果」呢？

因此，聰明的人，一旦發現對方有了婚外情，應該更加用包容去體諒對方，用關懷、體貼去感動對方，時日一久，所謂「野花那有家花香」，夫妻重歸於好，往往指日可期。

其實，夫妻本來就是兩個來自不同家庭的個體，彼此因爲成長背景不一樣，難免有思想、個性、習慣上的諸多差異，要維繫夫妻之間的感情始終如一，事實上並不容易，所以要靠彼此的尊重、包容、溝通，諸如思想上的、生活中的、對兒女的教育方法等，都應該坦誠布公的討

論。

此外，夫妻雙方如果能夠培養共同的興趣、認識彼此的朋友；平時應酬成雙成對，甚至偶爾營造一下「小別勝新婚」的溫馨氣氛等等，都可以減少對方出軌的機會。如果能讓對方感覺「家庭如樂園」，每天生活裡充滿了歡樂、笑聲，又哪會有婚外情的發生呢？

《人間福報》二〇〇〇年七月四日

人和的重要

人與人之間，和諧最重要。人際的往來，有用感情維繫和諧者、有用利益維繫和諧者、有用同志維繫和諧者；甚至有用同學、同鄉、同門維繫和諧者。但事實上，有人的地方，就有分歧，就有利害，就不容易和諧。

你看，從我們的家庭到社會，甚至國際之間，此亦是「是非」，彼亦是「是非」，正如耶穌所說：「我到世間上來，不是要你們和平的；我要你們三個人與五個人鬥爭，婆婆與媳婦鬥爭。」

誠然，今日的社會，有的人因爲思想、見解不同，各黨各派壁壘分

明；也有的人因為信仰不同，彼此相互排擠。甚至語言、風俗、習慣、地域的不同，造成多少紛爭？如此，如何能「政通人和」呢？故而一個國家，唯有黨政和諧，才能獲得人和；能夠人和，自然政通。

在佛門有謂「叢林以無事為興隆」；人和，才能無事。僧團裡，平時依「六和敬」來維繫人事的和諧，即：身和同住、口和無諍、意和同悅、戒和同遵、見和同解、利和同均；因此又稱「六和僧團」。解空第一的須菩提，因為深入空理，故而所證的「無諍三昧」，最為第一；乃至戒律學上的「七滅諍法」，都是僧團和諧的圭臬。

《阿彌陀經》云：「西方極樂淨土，諸上善人，聚會一處。」之所以如此，就是因為和諧。和諧就是淨土，一家和諧，就能一家快樂；一個社區和諧，社區就能平安。

一個團體裡，能幹的人，大都能促進和諧；不能幹的人，則容易引起紛爭。人與人之間，能夠容許異己的存在，就能和諧；尊重寬諒，就能和諧。

池塘裡，美麗的荷花也須綠葉的陪襯；花園裡，翩翩飛舞的蝴蝶，也要有彩色才會更美麗。雨後的彩虹，正因為它能包容各種不同的色彩，故能展現美麗的「七彩霓虹」。

人，總要別人的幫助，才能生存，因此要懂得相互扶持；能有「同體共生」的認知，才能共存共榮。人，要懂得「以和為貴」，一個家庭中，夫妻、父母、兄弟、兒女之間要能和諧；一個團體裡，上下、同事、勞資、股東之間，也要能和諧。所謂「和氣生財」、「家和萬事興」；又謂「二人同心，其利斷金。」人和的重要，由此可見。

《人間福報》二〇〇〇年七月五日

欲的正邪

欲，多數正派的宗教大都非常排斥，甚至於把五欲「財色名食睡」，說成是「地獄五條根」，可以說把「欲」排斥到了極點。

其實，在佛教裡對於「欲」也不完全看成是邪的，因為「欲」固然有染污欲，但也有善法欲。例如，發憤讀書的求知欲；又如為國為民犧牲奉獻的領袖欲；甚至有的人立志發願要「上求佛道、下化眾生」等等。如果沒有這些善法欲，又何能完成人生、圓滿人生呢？

世間上，無論什麼事，大都有正邪、染淨之別。例如：布施是善

事，但布施如果存有目的，這也是染污的；祈禱誦經，如果希望藉此把災害轉移給別人，這也是邪惡的。

正當的飲食男女，衣食住行的世間生活，不可以視為染污、邪惡的。就好比一句話說出來，有人歡喜，有人反感，話是一樣，受者不一樣。即使佛陀說法，也會出現「佛以一音演說法，眾生隨類各得解」的現象。這是因為各人的根機不同，因此所領受佛法也有分別。

又如用「拳頭」打人有罪，而用「拳頭」幫人捶背，對方則會感謝。所謂「法非善惡，善惡是法。」我們希望今天的社會大眾，大家應該多多發揚善法欲，去除染污欲。

什麼是善法欲呢？在每天的生活中，念念上報四重恩，心心要濟三塗苦，總想把自己的所有與人分享，利益於人。又如工人的增產報國、軍人的捍衛國土、商人的誠信助人、教師的誨人不倦、傳播媒體的淨化、演藝人員的善美等，凡有助於移風易俗，能夠改進自己身心清淨者，此皆是善法欲也。

什麼是染污欲呢？每日貪圖非法所有，時時都想不勞而獲；看到他人失敗，自己歡喜；看到別人成就，心生嫉妒。甚至欺世盜名、搬是弄非、害人爲樂、傷人自得等，此皆邪惡的染污欲也。

人生是活在欲望裡，欲海不可怕，可怕的是浮沉在欲海裡，在欲海裡沒頂，那就是人生最大的悲哀了。

《人間福報》二〇〇〇年七月六日

旅遊的意義

現代社會的旅遊風氣興盛，這是值得鼓勵的好事。所謂「讀萬卷書，行萬里路」；旅遊可以增加對地理環境的了解，對歷史文化的探索，對風景古蹟的欣賞，對結伴參訪的聯誼等。

旅遊，無異於戶外教學，是增廣見聞、啓發思想的管道之一。旅遊，不但可以提升國民的素質，出國旅遊，還能從事國民外交。只是令人感到遺憾的是，現在有一些人把旅遊當作吃喝玩樂，例如：有的人想到某處去賭博，有的人想到某處去尋歡刺激，有些人則趁著出國旅遊，大肆採購，因而被外國人揶揄爲「採購團」。

出國旅遊不要成爲採購團，旅遊的目的不在物質，重在精神的啓發，道德的修養。因此，我們希望父母帶子女出外旅遊，不要只是爲了虛榮，應該「寓教於樂」；藉著旅遊的機會，帶領子女到名勝古蹟參訪，籍以增加知識、開拓見聞、增長閱歷、結交友伴。尤其，旅遊時，應該教育子女發揮服務的精神、啓發感恩的思想、注意參訪的禮儀、重視公共的道德等，以展現紳士淑女的風度與教養。

旅遊觀光是無煙囪的工業，現代的國家莫不積極發展觀光事業，許多觀光旅行社因此應運而生。有的人在旅遊美好的號召下，組團出國旅遊，但是，有些旅遊業者對外地的旅客，能欺則欺，能騙則騙，不重視旅遊的品質，不但自毀聲譽，而且掃人玩興；嚴重者，甚至破壞國家形象，實在令人痛心，也甚爲可惜。

人生世間，短短數十寒暑，在有限的歲月裡，應該好好把握時間、爭取時間、利用時間，多做有益社會人群的事，以延長時間上的壽命。除此，在空間上，更應該擴大生活領域，開拓生活空間，讓自己融入人群，走向世界；而旅遊正可以增長見聞、廣結善緣、充實知識、學習禮儀等，是開展生命價值的管道之一。因此，旅遊時，應該抱著尋師訪道的心情，才不會空費草鞋錢。

登山的人，一次登山，歷經千辛萬苦，回來後才感到家的安樂；旅遊的人，一次旅遊，看盡千山萬水，回到家來，若能認識自己的自心本性，這才是旅遊的意義與價值所在。

《人間福報》二〇〇〇年七月七日

活著就要動

只要是人，就一定要活動；人若不能活動，不是病人，就是死人。

大自然，水要流動，才會清澈；風要吹動，才會新鮮。人也要活動，才能生存。

人的六根每天都在活動，所謂：動身、動手、動心、動氣、動容、動聽、動情、動脈、動魄、動力、動作、動機；甚至有時還會動武、動火、動怒等。因此，修行最簡便具體的方法，先要養成好的「動」、去除壞的「動」；善美的「動」，就是六根清淨。

活動，能散發活力與朝氣。極樂淨土的人士，每天都要「各以衣祴，盛眾妙華，供養十方諸佛」，這就是在活動。佛陀「著衣持缽，入舍衛大城，飯食經行」；觀世音菩薩「三十三身度化眾生」；地藏菩薩「我不入地獄，誰入地獄」，都是在活動。唐代玄奘大師西天取經，隻身通過八百里流沙的艱辛路途，若無此「活動」，我中華文化又怎能大放異彩呢？

動，是人生的意義；動，是生命的活力。因為有動，才能向前，才能活躍，才能學習，才能參加他人的行列；能與大眾同行，自然能得到大眾的支柱。

一個人的生活動態，不能以一時為準；不但看人，還要看事、看行、看心才好。開口動舌無益於人，戒之莫言；舉心動念無益於人，戒之莫起；舉足動步無益於人，戒之莫行；舉手動力無益於人，戒之莫爲。所以，當動的時候，也應該「當動則動」，「當不動則不動」。

佛法，要靠修行，才能體證；做事，實務比理論有用，行動比空談有力。會做事的人將事情做「活」了，所以能越做越大；會下棋的人將棋子下「活」了，所以能全盤皆贏；會撰文的人將文字寫「活」了，所以能感動人心；會講演的人將道理講「活」了，所以能引起共鳴。

花兒吐露芬芳，我們覺得賞心悅目，因爲它是「活」的；樹梢隨風輕搖，我們覺得生意盎然，因爲它是「活」的；鳥兒枝頭鳴叫，我們覺得動聽悅耳，因爲它是「活」的；雲朵舒卷自如，我們覺得自在舒暢，因爲它是「活」的；溪水淙淙流動，我們覺得滌盡塵慮，因爲它是「活」的。人「活」著就要「動」起來，才能散發生命的喜悅與希望。

幽默一下

有一位美麗的女郎，已經三十多歲，尚待字閨中。有人問她：爲什麼還不結婚？她回答說：找不到幽默的男人！

過去的婚姻，女方都要求男士要門第高貴、書香世家，要有田產財富，或是學業有成等等。而現代的女士則要求幽默，可見幽默已經超越財富、家世、學問之上了！

西方人非常倡導幽默，日常生活，處處灑脫，時時自在；而東方人則重視嚴肅，言行

古板、舉止拘謹。所以，人際之間，如果沒有幽默來調和，彼此的行誼，索然無味。

幽默，像園中的一朵花，有了花朵，院子就更美麗了；幽默，像菜裡的一點鹽，加了鹽巴的飯菜，就更加美味了。人和人相處，有時候用動作可以表達一點幽默；用語言，更能表達幽默。

禪門的祖師們，一揚眉、一瞬目，一舉一動，都在表達禪機說法。禪，其實就是幽默；幽默，才有禪味。

生活中，很嚴肅的問題，一句幽默，可以化解凝重的氣氛，大家輕鬆無比，心情豁然開朗；商場上，僵持的會議，一點幽默，可能就在哄堂大笑中，議案、癥結就能迎刃而解。

幽默，是一種生性的靈巧、活潑，有時候想學也學不來；幽默，必

須從小培養一種與人共享、共樂的雅量，才能有幽默的習慣。

男人賺錢維持家用，不如有一些幽默，更能增加全家的歡樂；女人，化妝美麗，增加嫵媚，假如能在語言上增添幽默，更能增加家居的情趣。

幽默不能傷人，幽默不是惡作劇；幽默要能一笑泯冤仇，幽默要能讓對方感到會心的甜蜜。

幽默要諧而不謔；幽默是善、是美，是春風吹拂，是清涼甘露。幽默，是人間的智慧之花。

有個小兵，出外買了兩隻鴨子，提在手上。回營時被團長看到，團長問：「手上拿的是什麼東西？」小兵一緊張，回答道：「報告鴨子，我提兩個團長。」團長說：「我很重的，你拿不動！」

一場對話，引來旁觀的人哈哈大笑。

有一次，有人問趙州禪師：「如何參禪悟道？」趙州禪師說：「我要小便去！」隨後又回頭對問道的人說：「這麼小的事，還得我自己去做呢？」

問者於言下大悟！這就是幽默的寶貴也！

《人間福報》二〇〇〇年七月九日

亂中求序

一群人眾，在一句口令之下，立刻可以排列成整齊的隊伍；一團亂麻，只要找到頭在哪裡，隨後就會井井有條。爬藤，需要有屏障可攀，流水，也要有渠道可行。凡事不怕紛亂，只要你懂得亂中有序，世上沒有解決不了的問題。

讀書的人，桌上的書籍堆積如山，因爲他心中有數，在成堆的書籍中，一眼就能找出自己要讀的書。睡覺的人，枕頭掉在地上，因爲他心中有知，不必睜開眼睛，就能撿起枕頭擺回頭上，繼續入眠。

有的人說，現在的政府人事很亂；亂不可怕，只要領導人在亂中有序領導。也有人說，現在的社會很亂；只要大眾知道亂源在哪裡，亂也不可怕。

在無邊的學術領域中，管子說：「禮義廉恥，國之四維；四維不張，國乃滅亡。」只要這個社會不失去綱常倫理，亂又何足畏哉！在無盡的生死輪回裡，佛教認爲，病根禍源，就是煩惱妄想、顛倒亂心；然而《三時繫念》說：「清珠投於濁水，濁水不得不清；念佛投於亂心，亂心不得不佛。」心中之亂，又何足畏哉！

正，就會有序；寺院以正殿爲中心，其餘殿堂自能依序建築。直，就會有序；道路筆直，車輛自能依序前進。圓，就會有序；圓可以成爲中心，只要繞著圓周，自能依序運轉。方，就會有序；方可以平衡左右，只要四平八穩，自能依序排列。

所以，做人處事，應該求正、求直、求方、求圓；如此，在紛亂的社會人生中，自會成爲大眾的觀瞻、家人的依賴、團體的中心。

庭院裡，花草樹木，有高有矮，各安其位，就是亂中有序；教室中，桌椅板凳，有大有小，各得其所，就是亂中有序。家庭裡，成員有老中青幼，各有所尊，就是亂中有序；社會上，工商百業，各自有人領導，就是亂中有序。

所謂「方便有多門，歸元無二路」、「百川入海，同一鹹味」。紛亂裡，可以統一；差別中，可以聚集。亂不可怕，就怕亂中沒有序；序，就是宗教、法律、道德、公益。吾人應該過有序的生活；失序，則國家、社會、個人，終將蒙受其害！

《人間福報》二〇〇〇年七月十日

固執的偏見

一個人身體上有病，吃藥打針也許就能痊癒。但是，思想中了毒素，則如病入膏肓，不復救藥矣！

思想上的毛病，莫過於見解錯誤。佛教有所謂五種邪見，即：我見、邊見、邪見、見取見、戒禁取見。五見都是偏見；一個人有了錯誤的見解而又執著不捨，這是嚴重至極的病症。

例如，邊見中的斷見與常見。有的人認爲人死如燈滅，不相信因果業報，五趣流轉、六道輪回，覺得人生沒有希望，這就是偏見。有的人「今朝有酒今朝醉」，以爲人天生爲人，永遠都是人；天生的萬物，都是給人們享用的，這種常見，不能認識無常變異的眞理，也是邪見。

世間上，有的人執苦，有的人執樂。執「樂行」的人，天天紙醉金迷，熱烘烘的人生，不知三界無安，猶如火宅；執「苦行」的人，整日自苦身心，不知改善業因，生活裡冷冰冰的，因此阻礙了自由解脫的正道。

佛陀成道之初，所以想要進入涅槃，原因是他發現自己所證悟的眞理，與世人的認知正好相違背；因爲衆生執著偏見，他怕衆生毀謗眞理，不如涅槃，可以少了好多葛藤。

一般人都相信自己的眼睛，以爲自己雙眼所見、親眼所見，絕對不會錯。其實眼睛看到的不一定就是正確。我們看一般木匠吊線測量水平，都是只用一隻眼睛來看，可見一眼比兩眼正確；甚至不用眼睛看比用一隻眼睛看，又更眞實。不用眼睛看，而用心來看，才能看出眞相；用眼睛看，只能看到假相，

所以有偏見、執著。

有一個人，有種族的歧視，後來眼睛瞎了，他看不到膚色，反而消除了對種族的偏見。

現在海峽兩岸，之所以不能和平共榮，就是因爲彼此各有堅持；因爲偏見、執著，於是看不到十幾億同胞對幸福安樂的追求、渴望。因此，我們希望今後兩岸的領導人，都能以佛法的慈悲智慧、歡喜融和、尊重包容，消除固執的偏見，放棄各自的堅持，讓兩岸能眞正和諧發展，如此才能共享安定、繁榮。

《人間福報》二〇〇〇年七月十一日

美好的掌聲

「當掌聲響起」，這是一個多麼美好的世界！在掌聲中，多少人的意見一致了；多少人的感情融和了；多少人的心靈淨化了；多少美好的事情，在掌聲中發生了！

一場講演，可以贏得掌聲；會議裡的一段發言，可以贏得掌聲；一件好事，可以贏得掌聲。困難的事情完成了，可以贏得掌聲；美妙的語言引起了別人的共鳴，可以贏得掌聲；給予人的尊敬，可以贏得掌聲。你的榮譽，我讚歎，我給你掌聲；你的成就，我佩服，我給你掌聲；你的好事，我願意隨喜，我給你掌聲。當掌聲響起，這個世界和平了！這個世界美好了！

你有得到過別人給你的掌聲嗎？假如有，你有沒有以微笑來感謝別人的掌聲？你有沒有以尊重來回報別人的掌聲？你有發願，要讓世界更美好，以此來感謝別人給你的掌聲嗎？你有想到要更進步，以此來感謝別人給你的掌聲嗎？人，不要去希望別人的掌聲，只要你奉獻，掌聲自然就會跟隨著你！

和掌聲同樣價值的，有禮敬、鞠躬、讚美、信仰、效法。我們講到佛陀的「打破階級、倡導四姓平等」，不禁就是一陣掌聲；我們講到孔子的「教不倦、學不厭」，也想給他一陣掌聲；我們想到莊子的「逍遙自在」，忍不住也是一陣掌聲。我們對於甘地用「仁慈、不合作」的精神爭取世界和平；我們對於耶穌被釘十字架的犧牲；乃至歷史上多少的學者、英雄、名將，例如袁崇煥、司馬遷、比干、魏徵等，我們至今不禁也要給他們掌聲。

人應該為掌聲而活，所以從童年開始，就以微笑、幼稚的語言，博得大人們的掌聲；青少年時用功讀書，以優秀的成績就能博得師長父母的掌聲；青年創業，勤勞奮發，對社會作出貢獻，就可以贏得社會給我們的掌聲。

有的人，用歌聲，贏得聽者給他的掌聲；有的人，透過畫畫，贏得觀賞者給他的掌聲；有的人，生產報國，贏得全國人民的掌聲；乃至慈悲喜捨，關懷鰥寡孤獨、恤老憐貧，也可以贏得國家給他的掌聲。甚至觀世音菩薩、地藏王菩薩、德蕾莎修女、教宗若望保祿二世、達賴喇嘛、證嚴法師等，他們都以慈悲、奉獻，贏得大家對他們的掌聲。

親愛的同胞們，你希望贏得掌聲嗎？但願你能以自己的努力，先給別人掌聲，自然能贏得別人對你的掌聲！

《人間福報》二〇〇〇年七月十二日

求新求變

歷史上，多少的政權，因爲求新求變，故而能使國家脫胎換骨，再一次面貌全新。例如：商鞅變法，終使秦朝兵強國富；王安石的變法，也曾一度讓宋朝的政權煥然一新；日本的明治維新，使得日本成爲現代化的國家；康有爲的變法維新未成，致使滿清亡國。

世間上，任何事情都是「法久則生弊」，要不斷的求新求變，才能適應時代。中國向來以擁有五千年的悠久文化而自豪；中華文化有許多固然是非常優秀，但是執著而不開化，一昧的固守歷史陳跡，好像一潭死水，又如一個關閉的倉庫，背著往昔的包袱，不思求新求變，一直保持

封建的思想、專制的體制，如此想要躋身世界的前端，實在難矣也。

舊的機器不淘汰更新，產品的水準怎麼能提升？田園裡的品種不知改良，怎麼能增加生產？現代的教育制度不隨著時代的潮流改革，一直讓莘莘學子受著填鴨式的教育，戕害青少年身心，令人遺憾。

政府的一些法規，例如寺廟監督條例、建築法規等，一直不知求新求變求改進，不但削弱了國家的力量，也阻礙了國家的進步。

中華民國的憲法歷經多次的增修，全民也就賴著這一部政客把持玩弄的憲法，勉強還能有一些生存的空間。但觀佛教的一些制度、規矩、戒律，至今都聽不到一些音聲想要求新求變，不禁讓人對佛教的未來憂慮，不知道佛教徒在今後的大時代裡要如何立足？怎樣圖謀生存？

就拿佛教的叢林制度來講，過去一直說是祖師們的規矩，不能更改。但是現在權威的高牆終於倒了，革新後的佛教，百家爭鳴，大家求新求變，不再自設籓籬，勉強有一些空間得以在現代的社會能夠立足，齊頭發展。

但是另一方面，在佛教的戒律上，怎麼樣不合時宜的，從來也聽不到一點異議。佛法的眞理不容更改，這是毫無疑義，然而二千五百年前從印度傳來中國的佛法戒律，顯然已經不適應現代的社會需要。因此，雖說根本戒可以保存，但在生活細節上的小小戒，即使在佛陀時代就已經「隨遮隨開」，但當今仍有一些人總愛引用「佛已制戒，不得更改；佛未制戒，不得增加。」佛教徒用二千五百年前托缽生活的觀念，或一千年前中國深山叢林的生活方式，要想迎向廿一世紀的工業社會，此實難矣！

所以，今日國家社會，需要佛教界大家放棄我執、法執和偏見，不要再故步自封，能夠合力來求新求變，則國家幸甚！佛教幸甚！

《人間福報》二〇〇〇年七月十三日

愛情紅綠燈

愛情，是維繫社會人間的一股力量，既然人是由愛而生，就不能離開愛。所謂「愛不重不生娑婆」；愛有正當的，有不正當的。正當的愛，就是綠燈；不當的愛，就是紅燈。

所謂綠燈的愛，就是古代的門當户對、明媒正娶；是合乎人倫道德、合乎社會公論的。正當的愛有合法的對象、合法的婚禮、合法的關係、合法的時空等等，所以佛教不排除世俗的愛情。例如，在《善生經》及《玉耶女經》裡，佛陀都告訴在家信眾，綠燈的愛情應該怎麼走法；甚至到了大乘佛教，《華嚴經》、《寶積經》、《維摩經》，也都強調大乘佛教的倫理綱常、感情生活等等。

所謂紅燈的愛，就是不當的愛情，也就是不合乎倫理道德、不合乎身分、不是正派的，是社會所不認同的。例如，沒有獲得對方同意，一廂情願的追求，甚至以非法手段強迫對方順從，乃至騙婚、搶婚、重婚等法律所不允許的行爲，這種紅燈的愛情，前途必定充滿危險。

愛情本身是個盲者，愛得過分昏了頭、亂了方寸、迷失了方向；不知天高地厚，再怎麼美好、浪漫，都會出問題。所以，我們要用道理來應對感情、用智慧來領導感情、用正見來處理感情、用正念來規範感情。

佛世時，摩登伽女因爲迷戀阿難尊者，經過佛陀善巧度化，終於覺悟「愛是苦的根源」；蓮花色女在感情的世界裡受到創傷，故以玩弄愛情爲報復，後經目犍連尊者開導，終於認識「不當的愛是罪惡的根源」，於是迷途知返。

世間上，多少人為愛而犯罪；但也有不少人把男女之間的私情小愛，昇華為對國家社會的民族大愛。革命志士林覺民，他以愛妻子之心愛天下人，故能慷慨就義；抗日英雄張自忠，他以國家民族的大愛為重，故能犧牲個人的小愛，而以公忠報國來成就大愛。

所謂「生命誠可貴，愛情價更高；若為自由故，兩者皆可拋。」其實，這是有情有義、大情大愛，是大慈大悲的情操，所以一個人什麼都可以失去，但是不能少了慈悲。

有了慈悲，若能再有智慧為導，則在愛情的路上，必能慎選緣燈通行；否則「愛河千尺浪，苦海萬重波」，稍有不慎，必然沉淪苦海。希望天下的有情人，千萬不要在愛的苦海裡滅頂。

《人間福報》二〇〇〇年七月十四日

微笑的力量

微笑是世界上最美麗的色彩；微笑的面容比化妝更為美麗。達文西的「蒙娜麗莎的微笑」，早已成為世所公認的「美的象徵」。

微笑的力量，其大無比！歷史上，多少朝代就是亡於美人的一笑。例如妲己一笑，紂王失江山；楊貴妃回眸一笑，從此君王不早朝；周幽王為了博得褒姒一笑，不惜以烽火戲弄諸侯，終於亡國身死等。甚至風流才子唐伯虎，因為秋香的嫣然一笑，不惜賣身當書僮，終於成就一段

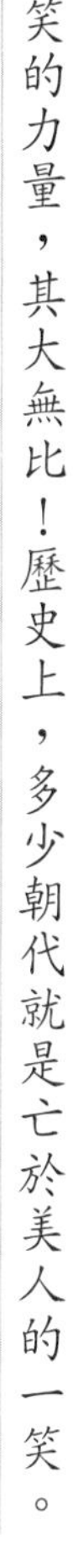

「三笑姻緣」，更是歷史上的千古美談。

笑聲，可以傳達情緒上的喜怒哀樂；也可以辨別一個人的忠奸善惡。在京劇裡，曹操的奸笑、劉備的苦笑、關公的冷笑、張飛的狂笑、諸葛亮的詭笑、周公瑾的陰笑等，都是藉著笑聲來刻劃人物的性格。

此外，還有嘻笑、大笑、嘲笑、恥笑、譏笑、傻笑、失笑、不苟言笑、虛僞的笑，甚至皮笑肉不笑、笑裡藏刀等。

笑，是生命活力的催化劑。人，有了微笑，就有表情；有了表情，就像甘霖遍灑大地，一切都會「活」了過來。

笑，是人際關係的潤滑劑，所謂「舉手不打笑臉人」；時常以笑臉迎人的人，必是最有人緣的人。

舞台上，小丑的表演，就是爲了博君一粲、博人一笑。因此，做人要時常保持笑容滿面、笑容可掬、笑逐顏開；說話更要能令人會心一笑、開懷大笑，甚至破涕爲笑。

所謂「樂然後笑」；微笑不只是臉上有動作，有表情，微笑是代表心裡的快樂。家庭中充滿了笑聲，就代表一家的幸福、快樂、融洽。一個人若能時時以微笑來面對別人的冷酷，在人生的戰場上必然獲得許多的勝利。

微笑是保持健康的藥石之一；尤其現代是一個注重色彩、聲音的時代，因此我們更應該時時面帶微笑，以微笑來妝點我們的人生，以微笑來美化我們的社會；讓微笑像花朵一樣，開滿生命的園地，讓微笑像音樂一樣，溫暖每個人的心靈。

《人間福報》二〇〇〇年七月十五日

生活的美學

人，要生活，就離不開衣食住行、行住坐臥。

你看，有的人身著綾羅綢緞，卻自慚形穢，因爲他沒有內在的美感！也有的人，粗衣布服，自覺心安理得，因爲人格高尚，具有內心的美感也！

有的人，花園別墅，只覺天地窄小，因爲他沒有感受生活之美！有的人蝸居一角，自覺天地寬廣，體會出逍遙自在的快樂，因爲他有生活

的美感！

陶淵明「採菊東籬下，悠然見南山」、「登東皋以舒嘯，臨清流而賦詩」；因爲陶淵明能「不爲五斗米折腰」，因此不會「心爲形役」，這就是生活的美感。

顏回「一簞食、一瓢飲，在陋巷，人不堪其憂，回也不改其樂」；因爲顏回懂得生活的藝術，故能終生不爲外物所累。

甚至古往今來，多少的巨賈富商、高官厚爵，他們歸隱田園，是爲了追尋生活之美；但也有人從軍報國，從政爲民，汲汲乎，也是想要追尋人生的奉獻之美。

淨土宗的「七寶行樹、八功德水、亭台樓閣」，固然是彌陀生活之美感；地獄的「刀山劍樹、油鍋深坑」，也是地藏王的追求生活之美學也！

高峰禪師窩居樹上，人憐其衣食無著、身形垢穢。禪師說：「我雖然沒有剃髮，但我身心已經清淨；我雖然沒有華衣美服，但以人格來莊嚴；我雖然沒有山珍海味，但以松實雨露如瓊漿玉液；甚至山河大地、野獸鳥雀，都是我的朋友！」這就是懂得生活的美學。

趙州八十猶行腳，他是爲了尋找美的境界、美的道理；達摩面壁九年，也是爲了找尋心内之美。有的禪師悟道了，有鳥雀獻果、獅虎朝拜，此皆因爲獲得生活之美，故而萬物皆來相聚共享。

美，是一種藝術，是一種感受。美的心靈，是吾人最珍貴的資產；當你的心中有了美的感動，生活中，自然無處不眞，無處不善，無處不美！

《人間福報》二〇〇〇年七月十六日

生命的能量

生命的能量有多重？正如古人形容生死時說：「死有重於泰山，有輕於鴻毛。」生命有多重？也是「有重於泰山，有輕於鴻毛。」

有的人，活著只爲了三餐餬口，苟延生命；他的生命價值就在飯食之間。有的人爲了造福社會，苦學利眾，甚至身繫天下之安危，所以他的生命有多重？可想而知。

同樣是人，但在遭受綁票時，有的人贖金十萬，有的人百萬，有的人千萬，可見生命的價值有高低多少也！

有的人出生富豪之家，享受先人的餘蔭，卻是飽食終日，沒有散發

自我生命之能量！有的人出身寒微，不但能立德、立功、立言，造福人群，讓萬民受惠，此即他的生命的能量也！

工商政界，爲要功成名就，忍受社會眾人的歧視；一旦飛黃騰達，登上寶座，則萬人敬仰。所以，一個人生命的能量，在於發揮成就，在於有益人世。

光緒、宣統，以童子之齡即位爲中國之帝，不管有爲與否，但從小就散發他們生命的能量；姜太公以八十高齡始爲文王賞識，老來一樣能散發他生命的能量。

生命之能量就是眞如佛性，是人人本具、個個不無，只看一個人自我的努力，自我的時運。

有的人十載寒窗，空無人問，一舉成名天下知；有的人如蛟龍困在沙灘，時來運轉飛上九重天，此間的因緣非常重要。

朱洪武能由沙彌作皇帝；韓信乞食於淮安，終能聞達於天下。能量雖具備，也要靠眾緣和合，才能成就。

生命的能量是取之不盡，用之不竭，是無限無量的。過去世界發生能源危機，各國紛紛到高山、深海裡去探勘能源，甚至發明太陽能。其實，能量是在吾人的心中。

吾人要想發揮生命的能量，先要把心裡的源頭找出來；朱熹說：「問渠那得清如許？謂有源頭活水來。」如果把心中的盲點去除，則智慧、慈悲、功德等能量，自然源源不絕。

生命裡的能量，是無限的，就看你怎麼樣的運用。會運用，則如陽光溫暖人間，不會運用，反而危害社會，那就浪費生命的能量了。

《人間福報》二〇〇〇年七月十七日

自在人生

人生有多種：有服務的人生，有自私的人生；有智慧的人生，有愚癡的人生；有快樂的人生，有煩惱的人生。有的人一生，只想到飲食男女，好像馬牛一樣，水草之外，別無所求；有的人一生，貪得無厭，得隴望蜀，做欲望的奴隸。眞正想要獲得自由自在解脫人生的人，實在爲數不多！

你看！世界上有的人爲了錢財而不能自在；有的人爲了感情而不能自在；有的人爲了思想見解而不能自在；有的人爲了功名富貴而不能自在。

人生的左右，經常吹著八種境界之風，此即：稱、譏、毀、譽、利、衰、苦、樂；誰不爲此八風所動？誰不爲此八風所苦？我們隨著此八風境界所轉所動，想要自在，實在難矣！

吾人想要獲得自在的人生，就要懂得「人我互調」、「以人爲我」，如此很多事情就能心平氣和，自然就會有自在的人生。

我們要能逆向思考，凡事不要求對方，先想想自己；要以責人之心責己，用恕己之心恕人，當能獲得自在的人生。懂得平等互惠，懂得包容體諒，自在的人生就可以在當下實現了。

例如，金錢被人倒閉了，就想：這可能是我前世有欠於他，今生還他算了。如此觀照，當然就能自在。

愛人離我而去，心不甘、情不願；但是你如果能回頭一想：我愛他，就應該尊重他的自由；想到他的自由，自己怎能不自在呢？

名位失去了，不必感到痛苦！無官一身輕，不是一樣可以逍遙，怎會不自在呢？

給人毀謗了，不必想到難堪！你想到這是替我消災，不但不去計較，反而更應該感謝他，你怎能不自在呢？

人生就如一座工廠，就看你工廠裡出產的產品如何？如果生產的產品是明理、覺悟、利他、奉獻，你的工廠的名譽就會好，而你的人生又怎能不自在呢？

人生的自在，不在他求，不是他人賞賜；自在是自我的事情，自我的當下轉識成智、轉我爲人、轉苦爲樂、轉迷爲悟，當然就可以轉束縛的人生爲自在的人生了！

《人間福報》二〇〇〇年七月十八日

消除壓力

現代經常有人說：「生活壓力太重！」爲什麼會壓力太重？怎樣消除壓力呢？

學生認爲功課太緊，壓力太重；父母說家庭瑣事太雜，壓力太重；警察覺得任務太多，壓力太重；公教人員不滿上班時間太長，壓力太重。

壓力，壓力！無論男女老少，都活在生活的壓力中，都感到生活的壓力太重！房客付不起房租，有經濟上的壓力；父母覺得兒女不聽話，有養兒育女的壓力；夫妻彼此間懷疑對方婚外情，有感情上的壓力；菜

市場的菜販有生意競爭的壓力；掃街的清道夫也有早起對抗髒亂的壓力。

其實，生活中外在的壓力很多，例如：失望的壓力、困難的壓力、貧窮的壓力、工作的壓力、疾病的壓力、情感的壓力、人事的壓力，甚至死亡的壓力等等，到處都是壓力啊！

外面的壓力之外，內心也有許多的壓力，例如：空虛的壓力、嫉妒的壓力、憂愁的壓力、瞋恨的壓力、邪知的壓力、邪見的壓力、仇恨的壓力等；這一切都讓我們感受到，生活的壓力實在沉重喔！

壓力，也不一定是壞的才是壓力；好的事物也可以成爲壓力，例如：擁有的壓力、美麗的壓力、名位的壓力、恩情的壓力、成功的壓力等，眞是「天長地久有時盡，壓力綿綿無盡期」！

有的人感到壓力太重，身心疲累；有的人感到壓力太重，意志消沉；有的人感到壓力太重，想要輕生；有的人感到壓力太重，精神失常。你有想要消除壓力嗎？茲提供辦法如下：

第一、提升自己對事理認知的智慧；增加認知的力量，可以消除壓力。

第二、放寬心胸，像大海容納百川，像虛空容納萬物；凡事包容它，不要負擔它，自然就能消除壓力。

第三、提得起，放得下，好像皮箱一樣，用的時候提起，不用的時候放下；凡事不比較、不計較，自然可以消除壓力。

第四、與壓力爲友，心甘情願的接受它，何壓力之有？

第五、乘興逍遙，隨緣放曠；不求不拒，自然會消除壓力。

第六、培植修養的功夫，增強自己的忍耐力、慈悲力、智慧力，用自己的心力承擔，何必在乎壓力！

學佛的人有禪觀、慧思、正見、明理，對世間一切事都能順乎自然，所謂「兵來將擋，水來土掩」，又哪裡還會有什麼壓力呢？

《人間福報》二〇〇〇年七月十九日

承諾的力量

「承諾」就是答應別人、對別人所許的諾言，務必兌現，也就是守信。

孔子曾經譬喻：「人而無信，正如大車無輗，小車無軏，何以行之？」忠誠守信，是立世的根本。在過去農業社會，交通不便，通訊設備不發達，出外就業的人要靠信差投遞家書、傳遞口信，甚至寄送物品。彼此之間，並沒有契約，也沒有證人，靠的就是一份誠信；即使千山萬水，餐風露宿，信差務必完成所託，這就是「承諾」的力量。

古人對信守承諾的重視，可以從「一諾千金」、「一言九鼎」、「一

言既出，駟馬難追」、「與朋友交，言而有信」、「言忠信，行篤敬」等成語獲得證明。

甚至，不僅平時對人守信；戰時兩軍對陣，依然不改信念。晉文公有一次派兵圍攻「原」這個地方，行前宣布，如果三天攻城不下，即刻退兵。三天後，眼看對方援絕糧盡，只要再過一天就會投降；晉文公卻堅持退兵，他覺得對人民信守承諾比攻占城池重要。結果就因爲晉文公的誠信，反而感動對方，主動獻城投降。

諸葛亮在祁山與魏軍作戰，爲生養兵力，定期分送士兵返回國內休息。後來戰爭越發激烈，有人建議暫緩送兵回國，諸葛亮堅持對士兵的承諾，因而感動士卒主動回營，奮勇作戰，終於取得勝利。

從政的人，能夠信守承諾，才能取得人民的信任，才有辦法推行政令；居上位的人信守承諾，可以激發屬下效忠的鬥志；朋友之間互相信守承諾，是鞏固友誼的基石。

人，除了對人守信之外，也有的人對時間信守承諾，例如在宜蘭仁愛之家服務的依融、紹覺法師，爲了一句承諾，一舉手三十年，任勞任怨，至今不曾動念調職。

有的人則對金錢信守承諾，例如答應捐款助人，就一定做到。甚至有人對未來信守承諾，例如遺產信託、傳法傳位等。也有人對情感信守承諾，例如李白《長干行》的「常存抱柱信，豈上望夫台。」說的正是

兩個信守愛的誓言，至死不渝的淒美故事。

古人爲了一個承諾，可以用一生的歲月去兑現，甚至犧牲生命也在所不惜。反觀現在的人輕諾寡信，不守承諾，於是不得不求法於契約、錄音、錄影、證人、公證、信託等。

其實，吾人立身處世，投機取勝只是一時的，唯有信守承諾，篤實行事，才能獲得別人永久的信賴。

《人間福報》二〇〇〇年七月二十日

信仰的層次

每個人從出生到長大，從幼稚到成熟，在人生的成長過程中，每個階段都有他崇拜、信任的對象。例如，小的時候相信父母，凡父母所說，絕對深信不疑；長大求學，轉而相信老師，只要「老師說」，就是對的。

之後，隨著各人知識水準高低、接觸社會層面寬窄、價值取向不同，於是有人相信金錢萬能，有人覺得愛情至上，有人高舉情義第一，有人疾呼自由無價，有人投身信仰生活等。

信仰是發乎自然，出乎本性的自然力，信仰也不一定是信仰宗教。例如有的人信仰某一種思想或某一種學說；有的人信仰某一種主義；甚至有的人崇拜某一個人，也可以成爲信仰的對象。

話雖如此，然而只要人有生死問題，就一定要信仰宗教。人是宗教的動物，宗教如光明，人不能缺少光明；宗教如水，人不能離開水而生活。人類從上古時代民智未開，就對大自然產生信仰，接著從信仰神權、君權，到現在的民權、人權，甚至即將到來的生權等，可以說，人類自有文明開始，除了追求物資生活的滿足以外，精神生活的提升、信仰生活的追求，更是無日或缺。

關於信仰宗教，必須愼重選擇，否則一旦信錯了邪教外道，正如一個人錯喝了毒藥，等到藥效發作，則生命危矣！所以「邪信」不如「不信」。「不信」則不如「迷信」，因爲雖是迷信，只是因爲不了解，但至少他有善惡因果觀念，懂得去惡向善；不信的人，則如一個人不用大腦思考，不肯張開眼睛看世界，那麼他永遠也沒有機會認識這個世界。

當然，信仰最終是以「正信」最好！尤其佛教的中道緣起、因果業報、生死涅槃等教義，可以幫助我們解答人生的迷惑，所以值得信仰。

信仰佛教，也有層次上的不同，例如，有人「信人不信法」；有人「信寺不信教」、有人「信情不信道」、有人「信神不信佛」等。

甚至即以信仰佛教的教義而言，本身也有層次的不同，例如凡夫的般若是正見、二乘人的般若是緣起、菩薩的般若是空；唯有佛，才能眞正證悟般若，所以般若是佛的境界。

其實般若也是人人本具的眞如佛性，學佛主要的目的，就是要開發眞如佛性，所以信仰佛教，要從求佛、信佛、拜佛，進而學佛、行佛、作佛；唯有自己作佛，才是信仰的最高層次。

《人間福報》二〇〇〇年七月二十一日

美麗與醜陋

美麗，人人歡喜；醜陋，人人討厭。

世界上，有的人面容美麗，心靈醜陋；有的人容貌醜陋，心性善良。有的華屋大廈，美麗雄偉，可是裡面卻住了一些醜陋的貪官污吏；有的醜陋的草屋裡，卻住了多少的清廉正直的君子。

世間上，有的東西外美內醜；有的外醜內美；有的則是不美不醜。不美麗的東西不要緊，最怕的就是醜陋的東西。當然，我們希望世間美好，更重要的是，要內心的美好。

談到美麗，有自然美，有人工美。大自然的美，巧奪天工；人工的美麗，要靠人為來修飾。有的人把文字變得很美；有的人把語言變得很美。有的人把書畫變得很美；有的人把環境變得很美。有的人把姿態變得很美；有的人把氣質變得很美。聰明的朋友們，你喜歡美麗嗎？你能創造多少的美麗呢？

你是否時常自我反問：我的言語風儀美麗嗎？我的行事作為美麗嗎？我的待人情誼美麗嗎？我的舉止動念美麗嗎？

眞正的美麗，要從內心出發。心善，一切自然就會美麗；心眞，一切自然就會美麗；心慈，一切自然就會美麗；心淨，一切自然就會美麗。我們要創造美麗的世界；我們要創造美麗的人生；我們要創造美麗的環境；我們要創造美麗的居家。

日本人曾經自慚他們是醜陋的日本人；中國人又何嘗不是如此？世

界各國的人又何嘗不是如此？知道自己醜陋還好，就怕不知道；不知道自己醜陋，則永遠不知道改進。如果我們知道自己醜陋，就可以創造美麗；因爲當你知道自己醜陋，你能穿起慚恥之服，你就能自然美麗了！

美麗的容顏，難保歷久不衰；美麗的心，卻能永遠動人。美麗的第一步，就從「說好話、做好事、存好心」的「三好運動」開始吧！

美人，人人皆愛；美言，人人愛聽；美行，人人尊重；美事，人人想做。有的人把家居裝飾得很美，有的人把社區管理得很美，有的人懷念過去，認爲過去比現在美麗，有的人感覺當下比未來實在，也有的人把未來幻想成比現實美麗；總之，一個人要捨棄醜陋的語言、醜陋的行爲、醜陋的心腸，他才能美麗喔！

《人間福報》二〇〇〇年七月二十二日

呼吸的重要

在《四十二章經》裡，佛陀問弟子：人命在幾間？有比丘回答：人命在數年之間！隨後有人說：在數日之間！也有人說：在一日之間！更有人說：在飯食之間！最後佛陀說：人命在呼吸之間。

人命是非常寶貴的！寶貴的生命卻建築在短暫的呼吸裡，可見呼吸有多麼的重要啊！

有陽光的時候，不知道陽光的重要，有河流的時候，不知道滴水的寶貴；能呼吸的時候，更不會想到「一口氣」對我們是多麼的珍貴和重要啊！人，一旦沒有了呼吸，則世間的財富、名位、榮譽、親朋、眷屬，對吾人又有什麼重要呢？

吾人的感官，眼睛可看，耳朵可聽，手腳可動，口舌會說；但是沒有呼吸的時候，眼耳身體，一切都沒有了功用！所以人生在世，是因為有呼吸的存在，才有吾人的生命！

眼耳鼻舌身，在身體上都能各司其用；但呼吸卻能代替眼耳鼻舌身，代替它們超乎一切的功用。

呼吸，不是像眼睛是用來看的，但是它可以感受到環境的不同；呼吸，不是像耳朵一樣是用來聽的，但是它可以嗅到人情氣氛的迥異。

呼吸，可以體驗外境的變化，可以內觀心地的動靜。呼吸，有時候可以感覺到自己輕鬆自在，所以大大鬆一口氣；呼吸，有時候也會感到自己遭受無限的壓力，所以喘不過氣來。

呼吸，它表示自己的生命是四通八達的；呼吸，它可以覺察空氣中的清濁；呼吸，它可以感受到生命的厚薄。保護呼吸，就是保護自己的生命。

呼吸，可以用來做為修行、調整生命、淨化身心。從一呼一吸之間，可以知道自己身心的狀況。氣粗，必定心不寧靜；氣順了，必定心也柔軟了，所以在禪門裡，不斷用數息的修法來指導行者。

吾人生存在世間，珍惜生命，就要珍惜呼吸。趁著一口氣尚存，要把對人間應盡的責任盡了；要把對人間所發的願心完了。應該給國家社會、父母子女、親朋好友的一切，也都要在一息尚存的時候，趕快處理妥當；在呼吸尚存的時候，趕快廣結善緣吧！

《人間福報》二〇〇〇年七月二十三日

道德的生活

一個人，如果被人比做桀紂幽厲，則要生氣；比做伯夷叔齊，則會歡喜。桀紂幽厲，人君也，為何比之則生氣？伯夷叔齊，餓夫也，為何比之則高興？因為，這就是有道德與沒有道德的差別啊！

道德，是人類社會應有的修養；如果我們的社會上，我們的生活裡，失去了道德的規範，這將是一個什麼樣的世界呢？

公務人員：貪贓枉法，假公濟私；

工商經營：偷斤減兩，以假亂真；

朋友之間：猜疑嫉妒，中傷毀謗；

鄰里之間：挑撥離間，搬是弄非；

甚至人群裡，到處充斥著：愚昧邪見、頑強固執、你爭我奪、寡廉鮮恥、自私自利、損人不利己的人。

《大戴禮記》云：「道者，所以明德也；德者，所以尊道也。是故非德不尊，非道不明。」周敦頤說：「動而正曰道，用而和曰德。」又說：「天地間，至尊者道，至貴者德而已矣！」

有道德的生活，社會才能和諧、家庭才能安樂、朋友才能守信、人我才能互助。

所以，我們的社會：教師要負起「傳道、授業、解惑」的責任；醫護人員要有「視病如親，救人一命」的精神；工人要肯勤勞工作，以生產報效國家；商人要能合法經營買賣，不取非分之財；軍人要能保國衛民，奮勇作戰，抵擋敵人的侵略。

此外，儒家的：四維八德、人倫五常；佛教的：四攝六度、五戒十善，以及正知正見、布施結緣、不念舊惡、慚愧感恩、守護六根、利樂有情、四恩總報、弘法利生、尊重包容、心意柔和、愛語讚歎、守護正念、大公無私、捨己為人、抑己從公等，都是道德的生活。

佛教和儒家相同的地方，都是重視道德的生活；孔子不言怪力亂神，真正的佛教也不標榜神奇靈異，而重視慈悲道德。人之所以異於禽獸者，也正是因為人有道德的生活而不同。

所以，人生世間，人人都應該負起化導社會的責任。具有道德的人，往往能以身教影響大眾，所謂「君子之德風，小人之德草，草上之風必偃。」通常以「德」服人，人皆能心悅誠服。所以，吾人要想在社會上成功立業，最重要的，應該要有道德的修養，要過道德的生活。

《人間福報》二〇〇〇年七月二十四日

勇敢活下去

求死，是弱者的行爲；要活，才是勇者的形象！

生命是活的；活著，就可以看到生命的光彩。死亡，就像日落西山，就算有生命的存在，但在人間已經沒有光輝。

多少人從商場上失敗，走投無路，最終還是要勇敢的活下去；因爲只要鼓動生命潛在的力量，自有因緣度過難關，自然能夠再次重整旗鼓，揚眉吐氣。

多少人在情場上失敗，心灰意冷，沒有勇氣活下去；但是當他知道「天上的星星那麼多，地上的人兒比星多，何必失戀痛苦只爲他一個？」於是再次奮起，重新開創人生。

所謂「山窮水盡疑無路，柳暗花明又一村。」在我們的社會裡，多少人在天災人禍中，絕處逢生；多少人從絕望、灰心、艱困、黯淡的逆境裡，重新鼓起精神，撿回希望，再創人生的光華。他們不都是我們的榜樣嗎？何必只爲一時的失敗，就從此沒有勇氣活下去呢？

因此，經商失敗，要勇敢的活下去；情場失意，要勇敢的活下去；家人不和，要勇敢的活下去；經濟困難，要勇敢的活下去；事業不順，要勇敢的活下去；身體不好，要勇敢的活下去！因爲世事「無常」；好的「無常」，壞的也是「無常」。所以一切都會改變的，只要活著，就有希望。

中日戰爭時蔣介石曾經說：「犧牲，不到最後關頭，絕不輕言犧牲。」生命不到萬分絕望，絕對要保持希望活下去。

在沙場上的戰爭，即使到了一兵一卒，爲了理想，也要戰鬥下去。自然界裡，死灰都有可能復燃，枯木也有機會逢春；從死亡的邊緣，也有機會可以再生。因此，只要盡情的活著，人生還怕沒有希望嗎？

看到海鷗孤獨的在大自然中與狂風搏鬥；鮭魚逆流而上，破腹犧牲，也要堅持到最後一口氣。一葉孤舟，在乘風破浪裡，還是有得救的希望；老兵身上傷痕累累，他就是因爲勇敢而活下來了。

窮途潦倒，能夠重生、能夠再起，都是因爲有勇敢的意志，而能活下來。人生的希望，不但要勇敢的活下去，還要有願力的活下去，還要有智慧的活下去。不但爲自己，還爲家人、爲社會、爲責任，都應該要勇敢的活下去。因爲，不想活的人是懦夫，維護生命的存在，才是勇者。

《人間福報》二〇〇〇年七月二十五日

消愁解悶

南唐後主李煜說：「問君能有幾多愁？恰似一江春水向東流。」人生的愁悶，最爲傷身！但是，舉世滔滔，社會大眾，那個又不都是經常陷身在憂愁苦悶之中呢？

當愁悶的魔鬼降臨到一個人的心裡的時候，就好像魑魅魍魎，糾纏不清，使人難以得到解脫。

有的人，爲了國破家亡而愁悶；有的人，睹景思人而愁悶；有的人，妻離子散而愁悶；有的人，失業失學而愁悶。總之，沒有獲得希望、生活上不能滿足、被人欺侮、受了委

屈而無法訴說，只有放在心裡被愁悶煎熬。

你看，世間上多少人因爲多愁善感而苦悶！有的人，則是爲了別人的一句謗言而難以入眠。一件事，也能引起愁懷而難以自在；一句無心的話，也能讓自己不思不食，愁緒滿懷。人生多少大好的歲月，就在吾人愁悶之間，悠悠過去了，多麼可惜啊！

女詞人李清照說：「只恐雙溪舴艋舟，載不動幾多愁！」可見得人生大都是在愁雲慘霧裡生活啊！

其實，「世間本無事，庸人自擾之」；愁悶，也是自己找自己的麻煩。誠如禪門說：「沒有人束縛你，是你自己束縛你自己！」愁悶也是如此，本來沒有人要我們愁悶，只是我們自己找來的憂愁啊！

愁悶，要有通路；愁悶的通路，就是智慧、明理。愁悶，要能得到化解；化解愁悶的良方，就是寬容，就是信仰。

如何才能消愁解悶呢？茲奉告各位：

第一、提起樂觀的性格。第二、想通事理的原委。

第三、放開閒情的愁緒。第四、沒有疑慮的性格。

第五、擴大積極的服務。第六、明朗坦白的處世。

第七、呈現微笑的面孔。第八、散播歡喜的情懷。

「問君能有幾多愁？恰似一江春水向東流！」只要你能看得開、放得下，人生縱使有了些許的愁悶，不也是成就菩提的資糧嗎！

「解鈴還需繫鈴人」，你的愁悶靠別人化解，這是有限的，只有自己解開自己的束縛，這才是永遠的解脫啊！

《人間福報》二〇〇〇年七月二十六日

小草精神

小草，不能輕視喔！

你看！牆頭上、峭壁間，一根小草從夾縫裡冒出來的時候，任憑你風吹雨打、日晒夜露，它，始終佇立挺拔，隨風輕搖，靜靜地向世人展現生命的丰姿。身為萬物之靈的人類，在這樣一根小草的前面，如果不懂得珍惜生命，奮發有為，能不慚愧汗顏嗎？

小草，它不向逆境屈服，它不為自己的渺小而自卑；這就是小草的精神。

佛經上說：「四小不可輕！」在我們的生活周遭裡，星星之火，足以燎原；涓涓細流，匯成江海；一粒種子，可以長出滿樹的果實；一根小螺絲釘，可以影響一部機器的正常運轉。小，不容輕忽！東西雖小，卻有大用。

甚至，一個小王子，將來長大繼承王位，他可以號令天下；一個小女孩，未來當上皇后，可以母儀天下；一個小沙彌，假以時日，學有所成，就是人天師範的大法王；一隻小龍，長大後就可以興雲致雨，威顯天下。所謂「一花一世界，一葉一如來」；一沙一石，都有三千大千世界也。

東晉的佛圖澄示現一個神蹟，終於感動石勒不屠殺漢人；南宋的馮道一句話，說服遼金不濫殺中國人。一個神蹟，救下百萬人命；一句話語，天下蒼生免於塗炭。小，可以輕視嗎？

菩提達摩的一句「拿心來，我替你安！」成就了一代大師慧可。

桂琛禪師的一句「石頭帶在心上，不重嗎？」開啓了法眼文益悟道的契機。甚至「一言以興邦，一言以喪邦！」小，可以輕視嗎？

周利槃陀伽，拂塵掃垢也能證果；劉邦小小亭長，他能擁有天下。

紅娘只是一個小小婢女，在達官巨賈中可以成爲主角；四行倉庫的楊惠敏，只是小小的一個女童軍，卻能做出百萬大軍所不能爲的大事。七歲的妙慧童女能說大乘佛法；普陀山的小沙彌能夠開創叢林。甘羅十二歲拜相，項橐七歲與孔子辯論，被稱爲「孔子師」；祖瑩八歲能背詩經、尚書，時人稱爲「聖小兒」。所謂「莫以善小而不爲；莫以人小而可輕！」這就是小草的精神。

緹縈救父、花木蘭代父從軍，能夠從柔弱中取勝，這就是小草的精神。高高山頂立，深深海底行，捨我其誰？這也是小草的精神也！

「室雅何須大，花香不在多。」人，只要有小草的精神，自能安身立命於天地之間。

《人間福報》二〇〇〇年七月二十七日

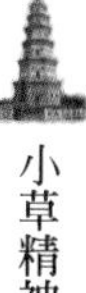

鼓勵與責備

「以鼓勵代替責備，以讚美代替呵斥。」這不但是教育上最好的方法，這也是做人處事最妙的高招。

人與人相處，產生磨擦的原因很多，但主要的是，因爲責備太多，給予鼓勵讚美太少，所以部屬求去、朋友疏離，這是做人處事最大的缺陷。

吾人有兩個眼睛，都是用來看人的：看人的過失、看人的錯誤、看人的缺點、看人的不好；但就是看不到自己。

人，有一張嘴巴，也是喜歡說人的不是、說人的缺失、說人的短

處，甚至自讚毀他。因爲嘴巴的聲音是講給別人聽的，自己不會聽到。有些父母對子女責備過度，子女遠離他去；有些夫妻相互指責過多，婚姻就亮起了紅燈；有的朋友只知指責對方情義不夠，不肯自我檢討，如此要想結交患難道義之友，就很難了。

人之相處，也不是不能責備。春秋責備賢者；但必須是賢者，才能接受責備。沒有力量的人，更需要給他鼓勵。馬拉松賽跑，需要很多的掌聲，幫助他發掘本能的力量。國家的獎章、獎狀、獎金，各種的榮譽，都是要給人鼓勵的。

貓狗，也喜歡聽主人的讚美；馬牛，也希望有主人的鼓勵。樹木花草，也是要有和風雨露的滋潤，才能成長；灰心失意的人們，可能一句溫言慰語的鼓勵，因而走上光輝燦爛的前途。

現在的社會，地位低的人，如農工、貧民、部下，都容易受到上級的指責。其實，在高位的人，由於不能滿足大家的要求，他也會招致全民的責備。

過去寺院叢林裡說：「當家三年狗也嫌！」因爲責備太多，也可能會壞了好事；甚至不當的鼓勵，有時也會招致不良的後果。不過，我們還是寧可「用鼓勵代替責備，用讚美代替呵斥」；因爲，人畢竟還是希望受到鼓勵、讚美，那我們又何必吝於給人一些讚美，來幫助別人、成就別人呢？

《人間福報》二〇〇〇年七月二十八日

度一切苦厄

「人生像一杯苦酒！」從嬰兒呱呱墮地開始，所發出的第一個聲音，就是「苦啊！」

苦啊！這就是人生。

人從出生之後，在生命的旅途上，到處荊棘，坎坷起伏，顛簸不平，眞是嚐盡了苦澀的滋味。

人生，每個人都希望能夠解脫痛苦，能夠找尋到幸福。但是，幸福在哪裡呢？

有的人向宗教祈求幸福；有的人希望結黨成派，以團結的力量增加安全。甚至有的人儲財置產，以備不時之需；有的人生兒育女，希望老來得到孝養。有的人則追求知識；有的人則提高地位，總希望能離苦得樂。其實，這一切縱使能面面俱到，難免「人爲財死」；再說，人生即使眞能求得富貴功名，也還是有生老病死、悲歡離合，哪裡能沒有痛苦呢？

世間上的人，以爲無財、無名、無權、無位是苦；其實，眞正的苦，是因爲有財、有名、有權、有位，才增加更多的苦難。例如，有家、有愛、有事、有業；「有」的裡面不是很多的苦厄嗎？

《般若心經》說：「照見五蘊皆空，度一切苦厄。」原來，苦是因爲五蘊積聚的「我」而來的。例如，有的苦是因爲「我與物」求不得而苦；有的苦是因爲「我與境」不相應、不習慣而滋生；有的苦是因爲「我與人」不和諧、怨憎會、愛別離而有；有的苦是因爲「我與社會」、「我與自然」的刀兵水火等引起，都會增加「我」的苦。

尤其，「我與心」之間，貪瞋邪見、憂悲苦惱，更是苦上加苦。所以，人生的苦，既然是由「我」而來的，如果我們要想「度一切苦厄」，就必須讓「我」空無執著。能夠「照見五蘊皆空、顯現般若智慧、明白人我無間、融合物我一體」，才能夠淡化和解決「我與物」、「我與境」、「我與人」、「我與社會」、「我與自然」，甚至「我與身心」的關係。能夠把自我安頓在無執、無染、無拘、無束的上面，才能夠眞正「度一切苦厄」！

《人間福報》二〇〇〇年七月二十九日

照顧念頭

世間上，做人實在很不容易！除了要照顧自己以外，還需要照顧家庭、朋友、國家、社會等各種因緣。所以，在茫茫的人海裡，以個人的一己之力，要照顧世間上那麼多的人和事，基本上，每個人實在都是很偉大的！

你看！計程車司機從早到晚，千辛萬苦的在馬路上奔馳，無非是要養家活口，照顧家小。

路邊的小販，每天起個大早作生意，除了照顧社會人士的早餐以外，也是希望能賺點蠅頭小利，讓父母兒女得到照顧。

值勤的警察夜間巡邏，主要是要照顧社區的安全；公務人員各處訪

查，也是爲了幫助國家的建設。

其實，比照顧心外世界更難的，就是照顧自己心中的念頭！

自己的念頭爲什麼難以照顧呢？因爲念頭時而天堂，時而地獄；念頭不但終日奔馳在世界各地，而且經常在五趣六道裡輪回不已。所謂「六根門頭盡是賊，晝夜六時外徘徊；無事上街逛一回，惹出是非卻問誰？」如果我們不把念頭照顧好，一念之差，就會陷入不拔之地，正是所謂「一失足成千古恨」。

我們不要以爲念頭是無形無相，未曾形諸於事實。其實「誠於衷，形於外」，外在所表現的一切，都是由內心所發動的。所謂「三界唯心，萬法唯識」；心念一動，山河大地都會跟著我們而動。

大自然的力量，地動很可怕，風動也很可怕；心念一動，更可怕！所謂「一念瞋心起，百萬障門開。」瞋心一起，很可能闖下殺生害命的大禍；但是一念菩提心生，師父也要反過來爲徒弟背包袱呢？所以一個人如果心存正念，鬼神都會對你禮拜，但是如果你心存邪念，自然也難保不遭受鬼神的懲罰了。

禪門有謂：「制心一處，無事不辦」；心念不動，自然乾坤朗朗。我們的念頭有如一潭湖水，水波不生，自能映物；念頭一動，波濤洶湧，自然無法照見自己的本來面目。所以，我們要時時把持正念、維護正念，要讓「未生善令生起，已生善令增長；未生惡令不生，已生惡令斷除。」能夠如此照顧念頭，則雖未成佛，至少也已距離聖賢之境不遠矣！

《人間福報》二〇〇〇年七月三十日

慈眼視眾生

你和人相處，用什麼樣的眼光看人呢？

有的人用懷疑的眼光看人；有的人用妒恨的眼光看人；有的人用藐視的眼光看人；有的人用成見的眼光看人。

社會上，有的人說「慧眼識英雄」；世間上的英雄很少，有慧眼的人也不多，眞正能做到「慈眼視眾生」，就算不錯了。

韓愈說：「世有伯樂，然後有千里馬；千里馬常有，而伯樂不常有。」伯樂的慧眼，也就是愛人、助人的慈眼。

父母用慈眼在看著兒女的成長；師長用慈眼在看著學生的進步；長者親

人用慈眼在看著子孫的光耀門楣；國家社會用慈眼在看著全民的健全有爲。好的社區鄰里之間，用慈眼互相幫忙；好的機關團體裡面，用慈眼彼此互相提攜友愛。

人的一雙眼睛是肉眼，假如給人一點關注，給人一些尊重，那就是「慈眼視眾生」了。

眾生當中，有卵生、胎生、溼生、化生。在各類的眾生當中，就拿胎生的人類來說：有的人小氣，慳吝不捨；有的人閉塞，庸俗不堪；有的人狡猾，玩世不恭；有的人虛假，表裡不一。

儘管千百萬種不一樣的眾生，吾人應以慈眼來看他，總能促進彼此之間的和諧，增進彼此之間的互動。假如人人都能用「慈眼視眾生」的話，則世界的和平，種族的和諧，有厚望焉！

非常遺憾的是，世間人有時不用慈眼看人，而用覬覦的眼光看別人的財產；用無情的眼光對他人幸災樂禍。有的人用「看壞不看好」的眼光看人；有的用「看假不看眞」的眼光看人。一雙美麗的眼睛，變成是刀、是劍，多麼的可惜呢？

《普門品》說：「觀世音菩薩遊諸十方國土，以慈眼視眾生。」所以觀世音菩薩慈悲的形象，能在每個人的家庭客廳裡，被高高的供奉著。「慈眼」是多麼令人嚮往啊！

在我身旁的人群裡，吾人希望他們用什麼樣的眼光來看我呢？

我們都希望我的朋友能用慈眼來看我；希望我的家人能用慈眼來看我；希望我的尊長能用慈眼來看我；希望我的鄉親能用慈眼來看我。但是，聰明的大家，我們以什麼樣的眼光去看人呢？《人間福報》二〇〇〇年七月三十一日

做自己的主人

一個將軍，在外可以統領百萬雄兵，回到家裡，卻拿自己的老婆沒有辦法。一個人，可以領導多少群眾，有時卻駕馭不了自己心中的煩惱。

做一家之主容易，作一鄉、一縣，甚至一國之主，也有可能；但是，要做自己的主人，好難喔！例如，疾病來了，你能作主不生病嗎？煩惱來了，你能作主不煩惱嗎？死亡來了，你能作主不死亡嗎？

在自己一生的歲月裡，你有想過要如何在時間上做好自己的主人嗎？例如，你有規劃多少歲月是用來讀書？多少歲月是用來做事？多少歲月是用來服務？多少歲月是用來奉獻人群？甚至多少時間可以用來遊學參訪、閉關自修等等。

你有想過在空間上做好自己的主人嗎？例如在自己的居家環境裡，臥室、客廳、書房、院子，你都能規劃妥當，善加利用嗎？對於工作的辦公室，乃至公園、電影院、百貨公司等公共設施，你都能充分的享有它，讓它幫助你拓展生活領域嗎？

你有想過如何在金錢上做自己的主人嗎？例如每個月的薪資，你有規劃拿多少用作生活費？多少用來布施？多少用以儲蓄？多少當作兒女的教育基金等等，你都能合理分配，不生苦惱嗎？

有的人因爲貪心，把錢拿去放高利貸，結果被倒閉了，這就是不會做金錢的主人。

你要做好一家之主，就必需要能有益於家人，例如，你要能教養他們，能夠照顧他們的衣食住行、旅遊醫療等福利；如果你不能解決他們的問題，如何能做他們的主人？

同樣的，如果你不能處理好自己的問題，如何能做自己的主人？要做自己的主人，必需要有憂患意識，要能增強能力，要有未來打算，要有整體規劃等等。

其實，人很難做自己的主人！例如，眼要看，不當看的它也看，你管不住；耳要聽，不當聽的它要聽，你管不了；心要想，不當想的它要想，你也管不動！

所以，要想做自己的主人，必需要心中有主、心中有禪、心中有慧、心中有佛，有了這許多的因緣條件，再加上你自己的毅力、決心，也許有一天眞的能夠幫助你自己做好自己的主人吧！

《人間福報》二〇〇〇年八月一日

美容與美心

現代人提倡美化！環境要美化，社會要美化，甚至國土山河都要美化。但是，就是缺少美化自己。

美化自己的人也有！例如，穿著合宜的服裝，使用時髦的化妝品；男士利用衣冠來美化自己，女士使用珠寶來妝扮自己，甚至到美容中心護膚美容。但是，就是很少人想到，心靈也要美化。

現代人只知道用脂粉、拉皮來美化容顏，以為這就是美容。其實眞

正美麗的容貌，應該是微笑、親切、柔和、慈悲，這才是眞正的「美容」。

容貌美化了，但是沒有「美心」，還是不夠的。

有一天，「心」對「人」抗議道：你每天只知道給身體穿好的、給嘴巴吃好的、給耳朵聽好的、給眼睛看好的、給鼻子聞好的，卻從來不知道也要給我這顆心補充一些慈悲、智慧、感動、歡喜、慚愧、惜福等養分。

這個寓言所指的，正是我們現代人的寫照。我們每天只知道追求外在的感官之娛，只重資用，卻不重心靈的提升、美化，難怪有人說，現代的年輕人愈來愈庸俗，愈來愈膚淺。

有一個富翁，娶了四個太太。平時最愛護年輕貌美的四太太，總是給她穿好的、吃好的；三太太仗著還有一點姿色，平時也頗受富翁照顧；二太太每日忙於操持家計，無所謂愛與不愛；最不受富翁喜愛的是元配糟糠之妻。

有一天，富翁得了絕症，垂死之際要求四太太陪著同死。四太太一口拒絕，認爲生前恩愛固然好，死後相隨有何義！於是改找三太太，結果驚慌失措的三太太說：我還年輕，你死了，我可以改嫁。二太太則以家務無人操持爲由，只同意送富翁上荒郊野外的山頭。令富翁訝異的是，平時最不受富翁照顧的元配，竟然心甘情願的答應願意殉葬。

這個譬喻裡的老四，指的是我們的身體；老三，就是我們的財富；老二，是我們的親朋好友；元配，正是我們的心。所謂「萬般帶不去，唯有業隨身。」「業」就是我們的「心」識，它帶著我們在五趣六道裡輪回，正是「披毛帶角因爲它；成佛作祖也由它」。

心，與我們的關係如此密切而重要，我們怎能不去關心它、美化它呢？所以，吾人在美容之餘，更要美心。能夠擁有一顆美的心，才是眞正的「美人、善人、賢人、聖人」；能夠擁有一顆美的心，才能「人天有份，惡道除名」。

《人間福報》二〇〇〇年八月二日

可怕的神通

現在社會上有一些人有一種僥倖的心理，總希望有意外的收穫，甚至妄想有神通，可以知道過去、現在、未來，能夠眼看、耳聽十方世界。其實，好在大家沒有神通；如果有神通，日子恐怕會很難過。

神通，一般而言有六種，稱爲「六神通」，即：天眼通、天耳通、神足通、他心通、宿命通、漏盡通。

一個暴虐無道的皇帝，如果有了「天耳通」，聽到背後有群臣罵他昏君，豈不要加重殺戮了嗎？男女朋友，因爲有「天眼通」，看到對方另有

約會，豈不要情海生波，滋生許多事端了嗎？

自己有「他心通」，知道兒女、朋友、家人在背地裡都對我有意見，豈不要心生反感，造成家庭不和了嗎？自己有了「神足通」，每天東南西北，到處奔波，這日子過得豈不辛苦？

自己有「宿命通」，知道自己過去世是貓、狗、惡人來轉世的，現在又怎能活得自在？假如自己真的「漏盡」了，安住在無住、無相之境，不掛念家庭、兒女、財產、名位等，如此又怎能見容於社會呢？

所以，神通除非是諸佛菩薩他們因為有定力、戒力、能力，可以用作度眾的方便；否則，凡夫俗子還是不要有神通的好，免得成爲可怕的神通。

神通其實也不一定是佛、菩薩、羅漢等人有之；神通可以說充塞法界，遍滿虛空。生活中，處處有神通。

你看，一粒種子，可以長成一棵大樹，你說，這不神奇嗎？一個貧寒出身的人，可以挺身而出，爲國爲民，普度世人，不是很神奇嗎？

一句話，可以令人歡喜大笑；一句話，也能令人悲傷痛苦，這不神奇嗎？一家人，早上各奔西東，到了晚上，又會相聚在一起，你說這不神奇嗎？

其實，所謂「怪生於罕而止於習」，如果用平常心來看，這一切都平常無比。所以，吾人對時空更迭、得失榮辱，要用平常心來看，不必要

求神通，只要活得心安理得，人生就會非常的自在、快樂。

過去的祖師不少人都有大神通，然而所謂「打死會拳的，淹死會游的」；會神通的，死於神通。例如提婆被外道刺死、目犍連被外道打死，可見神通抵不過業力，神通並不究竟。

學佛應該重視的是道德、慈悲，不要貪圖神通！因此希望宗教界宣揚神通的人，能夠及時煞車，不要為神通所迷，否則誤導他人，害人害己。大家應該宣揚慈悲道德，以佛法的智慧來應世，如此才能導人正道，才能真正發揮宗教化世之功。

《人間福報》二〇〇〇年八月三日

恕道的重要

人與人之間的關係，有喜有愛、有怨有恨、有恩有仇、有好有壞；但是，人與人之間的關係，最重要的，還是要有「恕道」來維繫。

孔子提倡「恕道」，其實佛陀的「慈悲」，耶穌的「博愛」，也是恕道。佛教講「怨親平等」，耶教講「愛你的敵人」，儒家講「泛愛眾，而親仁」，都是恕道。

人與人交往，要靠「恕道」，才能維持長久。朋友之間，如果沒有「相助相讓」的恕道，感情怎能維持長久？夫妻之間，如果沒有「互信互諒」的恕道，怎能共同生活？家庭倫理，要靠恕道才能建立；社會秩

序，要靠恕道才能和諧。

當今的社會，我們看到多少家庭，眷屬不和；多少的機關團體，紛爭不斷；但是，我們也看到，多少人在「恕道」之前，握手言歡，盡釋前嫌，那是多麼美好的事啊！

乾達多是一個無惡不作的暴徒。有一天，當他舉步正要踩到一隻蜘蛛的時候，忽然生起一念慈心，把腳步向前跨了過去，沒有傷害到蜘蛛。後來雖然他墮落地獄，仍能得到救濟。乾達多的「一念慈心」，不就是「恕道」嗎！

蔣中正對日抗戰八年，死傷千萬的同胞，一旦勝利的時候，他對日本發出「以德報怨」的宣言，這不就是中國人偉大的「恕道」胸懷嗎！

我們也不只是對人講恕道，我們也應該要有對物的恕道、對境的恕道、對情的恕道。例如現在舉世提倡環境保護、生態保育，這就是對生命、對自然的恕道。

現在我們的政府，也慢慢的重視「恕道」的仁政，例如在各鄉鎮地區設有「調解委員會」，在法院設有「家事法庭」；乃至法官對民事、刑事的案件，也都能從恕道出發，來消除人事之間的不平怨氣。

恕道，大部分在有愛的時候比較容易做到；但是，在怨恨之前更要做到，這才是眞正的恕道。例如，武功高強的人，行俠仗義，對受傷的敵人不再出手，這就是最高的恕道；佛教的「無緣大慈，同體大悲」，更是恕道精神的極致發揮。

有了恕道，家庭充滿幸福安樂；有了恕道，人間一片溫馨祥和，這是一個多麼令人嚮往的美好世界啊！

《人間福報》二〇〇〇年八月四日

心靈的文明

上古時代，蠻荒未開，人民茹毛飲血，穴居巖洞，以樹葉蔽體，這就是野蠻而不文明。隨著人民智識漸開，慢慢的從鑽木取火，到使用瓦斯爐、電子爐等，吃的是山珍海味，穿的是綾羅綢緞，住的是洋房別墅，這就是文明。

但是，這只是物質的文明，吾人還有一個心靈的文明世界有待開發。什麼是心靈的文明呢？

當一個人從對人粗暴無禮，到待人溫文儒雅，這就是心靈的文明；當一個人從寡廉鮮恥，到慚愧感恩，這就是心靈的文明；當一個人從自私自利，到一心為人，這就是心靈的文明。

心靈的文明，就是心中有慈悲、有智慧，心中有美好的東西，這就是心靈的文明。換言之，心理的建設，心靈的昇華，就是心靈的文明。

人性本是美好的，所謂「惻隱之心，人皆有之」、「人之初，性本善」；吾人的心靈深處，原本就有一個文明的世界，佛教稱之為「佛性」。只是我們這顆善良的佛性，日積月累，被自己的貪瞋愚癡所矇蔽、被世間的五欲六塵所染污，因此又慢慢回到野蠻時代，故而物質愈文明，往往心靈愈墮落。所以，一個國家不能只注重物質文明的建設，更應該關心的是心靈的文明。

現代舉世提倡生態環保、心靈淨化、反核限武、文化外交、和平統一等，這就是心靈的文明。

現在我們的社會，到處充滿著和諧、和平、團結、友誼，這都是從心靈所產生的結果，這就是心靈的文明。

乃至公益機構、慈善團體，紛紛從事養老育幼、撫孤恤貧、興學設教；政府機關推動陽光法案、便民專案；醫療單位研發救人救世之產品等，這也是心靈的文明。

沒有心靈文明，那來的物質文明？如果心靈不文明，所製造的都是一些殺人、危害社會的產品，如何得享物質文明？如何產生風俗、習慣、宗教、語言、哲學、科學、文學等文化文明？

所以，我們的社會愈來愈文明，這就是進步；愈來愈進步，這就是文明。佛經裡所謂東方琉璃淨土、西方極樂淨土，都是心理的文明世界；佛陀的清淨法身、圓滿報身，也都是文明的境界。我們能夠創造美好的世界，建立人間的淨土，這就是心靈的文明。

《人間福報》二〇〇〇年八月五日

各有各的爸爸

有一次，在天主教公署裡召開的「宗教徒領導人新春年會」，共有十大宗教的代表出席參加。

會議裡，因爲這許多的宗教平時很難得共聚在一起談話，因此大家爲了表示友好，就有人提倡「三教同源」，也有人主張「五教一家」，隨即獲得現場不少人的共鳴。但是當時羅光主教表示，如果把各個宗教的教主供在一起，他實在沒有辦法拜下去。

宗教界，教徒之間可以來往，但教義本來就應該不同，教主更不應該把他們集合在一起。大家應該認清：你的爸爸不能是我的爸爸！宗教

的教主，就等於各有各的爸爸，怎麼可以混淆呢？

所以，宗教之間，「同中必須存異，異中可以求同」，但不可一味的說，都是一樣。人體上的手足，各司其用，何必要讓手就是腳，腳就是手呢？

「宗教都是勸人爲善」，此話不錯！但是不同的宗教，彼此有方法不同、程度不同、認知不同，基本上，我們要容許各個宗教不同的存在，如此才美、才眞、才好。因爲尊重不同的存在，然後在不同之外，大家同是人、同是信仰、同是慈悲、同是向善；所以在教徒的行爲上，大家應該互助、友愛、尊重，不必一定要把你的爸爸當成是我的爸爸，我的爸爸也是你的爸爸。

現在世間上的人，習慣把一切作「二分法」：不是好的，就是壞的；不是你的，就是我的；不是眞的，就是假的；不是喜歡，就是不喜歡，所以只有分裂，而不能和諧。不如就讓我們認清一個事實：爸爸本來就是不同的，但兒女可以做同學，可以成爲朋友。也就是說，不同信仰的教徒，彼此可以成爲朋友。

佛教裡，五乘佛法就有很寬廣的包容。例如，把儒家作爲人乘的佛教；把耶穌教作爲天乘的佛教；把老莊、道教，作爲聲聞、緣覺的出世佛教。但是，佛法也用菩薩道來調和人天的儒家、耶教，以及出世的老莊、道教，成爲各自的異同。

所以，佛法說：「方便有多門，歸元無二路。」希望世界上的各個宗教、各個教派，都應該作如是觀。

《人間福報》二〇〇〇年八月六日

思惟的妙處

「我思，故我在」，思想是促進人類文明的動力。人因爲有思想，故能開發智慧，所以佛教講：「以聞思修而入三摩地」；儒家也主張：「學而時習之」、「學而不思則罔」。

思想到了極致，就是開悟。當初佛陀的悟道，也是經過苦思冥想，才能悟出宇宙人生的道理，而得了然於胸；因此有人

說，佛陀是宗教家、教育家、慈善家，其實佛陀更是一位大思想家。

今之禪門的參禪悟道，也是要窮追猛問，一點也不放鬆，一直問，一直想，一直參下去；因此禪門的打坐，並非枯坐，而是要參。參，就是用心思想。

一篇文學作品，需要多少構思組織，篇章才能完成；一幅山水畫作，也是需要經過幾番思惟布局，才能躍然紙上。

一塊石頭雕刻成藝術品，並非刀刻的力量，而是心裡的思惟；幾十層大樓的建設，並非千百員工的力量，而是一個人思惟的成就。

思想是現實之因，現實是思想之果。有因才有果，故今日之科學家、哲學家，都可視爲大思想家。遺憾的是，現代的學校教育，普遍不重視思想的啓發，只重視程式的教授。程式是固定的模式，思想是靈活的運用；能夠思惟會意，做事才能靈巧，做人才能通達。

胡適之先生曾說：「大膽假設，小心求證」；假設就是思想，求證就是實踐。多年來，台灣在農、工、商、科技方面，均有傲人的成就，這都是思想的結果。然而現在我們財富有了、物質文明了、科技發達了，我們希望今後國家能再多出一些有思想、有見解的人，再多用心在如何創造社會的和諧、促進兩岸的和平統一，乃至對五千年來醜陋惡鬥的歷史文化，及如何除弊革新等問題上。

所以，我們要訓練我們的下一代，從兒童時代就要開始思考：我長大後要做什麼？長大後要思考：我怎樣才能對國家社會有所貢獻？

我們每個個人也要思考：如何結合多人的力量，求得共成共有？多人的團體裡，更要思考：如何把集團的利益分享全民？

乃至家庭主婦也要思考：衣服如何裁剪得更合身？環境如何布置得更美化？廚師也要思考：如何使飯菜做得更美味可口等。

自然宇宙，不其然就是我們現在所認識的樣子，它必定有更深廣的境界，有待我們去思惟探索。佛教裡的佛國淨土，就是由「思考」所建設的，所以我們現在也要思考：如何建設當今的人間淨土？具體的說，如何建設安和樂利的社會？這是吾人所應該不斷思惟的課題。

《人間福報》二〇〇〇年八月七日

珍惜因緣

世間上，希有難得的珍寶，不是黃金，不是鑽石，而是「好因好緣」也！

有因緣，才能成就好事；有因緣，才能一帆風順。因緣具則成，因緣滅則敗，所以人生希望有成就者，都必需要仰賴因緣。

有情人的往來，因緣和合，自能「千里姻緣一線牽」。有緣的人，再遠、再難的情況下，都能相聚；若是無緣，眞是所謂「無緣對面不相逢」也！

宇宙萬有，都是仰賴因緣而有；吾人的一切，也必須有因緣才能開展。我爲什麼能夠成爲某某人的兒女？因爲我與他一定有因緣的存在。你看！本來是恩愛的夫妻，忽然因故分手離散，這必然是因緣盡了！所謂「緣生緣滅」，在花開的時候，要珍惜紅花綠葉；在月明的時候，要珍惜明月星空。在有因緣的時候，做人也好，處事也好，居家也好，服務公職也好，一定要好好珍惜因緣。

你們說好話讚美我，我要珍惜你們讚美的因緣；你們送禮物給我，我要珍惜你們送禮的因緣。你們介紹朋友給我，你們幫我打一通電話，爲我介紹一份職業，都是很好的因緣；好因好緣，我要珍惜。

當父母健在的時候，就要珍惜孝順的因緣；等父母不在時，所謂「樹欲靜而風不止，子欲養而親不待」，就很可惜了！

我們來到這個世間做人，這是我前世一定有培植了做人的因緣；我今天出生在哪一國、哪一家、哪一個地方，也一定都有一些往事因緣。因緣，安排了我們的人生；因緣，促進了我們的前途。

珍惜因緣，我未來的事業才能順利；珍惜因緣，我的所有才不會失去；珍惜因緣，我才能發展各種關係；珍惜因緣，我才能安全無恙。

我的存在，都是仰賴國家、社會、親人、朋友給我的因緣；珍惜人間的因緣，感恩人間的因緣，也就是珍惜我的所有，珍惜我的生存。

人生的富貴窮通、得失好壞，都看我的因緣如何？珍惜因緣，才有因緣。一粥一飯，來處不易；一絲一縷，都有因緣，我們怎麼能不珍惜因緣呢？

《人間福報》二〇〇〇年八月八日

樹立形象

社會上，萬萬千千的人，大家都希望自己能夠出人頭地，樹立萬萬千千不同的良好形象。例如，有的人以「修身養性」樹立自己的形象；有的人以「行善造福」作爲自己的形象；有的人樹立「熱心公益」的形象；有的人以「勤勞負責」爲形象。

但是，也有的人自甘墮落，不想樹立好的形象。他們認爲：不能流芳百世，也當遺臭萬年，所以樹立壞的形象。

他們藐視社會的毀譽看法，不計別人的公意批評，因此，有的人奇裝異服，有的人蓬頭垢面，有的人傷風敗俗，有的人損人利己。這許多人以不重視形象，作爲他們的形象。

甚至也有的人，千方百計，狐假虎威，總要表示自己有「高人一等」的形象；也有的人巴結逢迎，貪贓枉法，圖謀不軌，敗壞了自己的形象。

人在順境裡，容易樹立良好的形象；處在逆境時，則比較難以樹立好的形象。但是，台灣的廖添丁、清末殉難的譚嗣同等六君子，以及許多明知不可爲而爲之的守城將士，他們不計犧牲性命，只想在風雨如晦的亂世裡，樹立他們頂天立地的形象。

現在的民主社會，政府用獎章、獎狀來鼓勵人民樹立良好的形象。甚至對各級縣市政府，以及各公私立學校等，也是透過評鑑考核，希望大家樹立良好形象。

有的學生，勤於讀書，希望在老師面前有好的形象；有的兒童，牙牙學語，他也是希望博得父母的歡喜，樹立一個好寶寶的形象。

有的兒女，孝順父母，甘脂奉養，只爲了有一個孝子賢孫的形象；有的學者，在社會上不同流合污，卻敢於放言高論，他也是希望樹立一個有爲有守的良好形象。

有的公務人員，萬金不肯苟得，正直無私，只希望樹立公務員清廉的典範；有的工商界人士，不忍心社會酒色財氣的惡習，不肯隨波逐流的投機，只爲了樹立生意人的傲骨風範。

做人，要有好的形象，必須仰不愧於天，俯不怍於人，不能讓家人親友蒙羞；能夠樹立自己良好的形象，這就是人生的意義。

《人間福報》二〇〇〇年八月九日

吃素的真義

「民以食爲天！」吃，是人生非常重要的事。在吃的文化裡，尤以「素食文化」別具一格。

素食本爲儒家所提倡，所謂「見其生，不忍見其死；聞其聲，不忍食其肉，是以君子遠庖廚也。」

佛教也提倡素食，但佛教本來不是在形式上的素食，例如原始佛教的托缽生活，在乞食時，不揀精麤、不忌葷素，隨緣「借假修眞」。

但是到了大乘佛教，以慈悲爲本的教義，發展出尊重生命的內容。例如，六祖惠能大師在獵人群中，只吃肉邊菜；信徒中，也有人吃「三淨肉」者，也有人在「三、六、九」吃齋，也有人以初一、十五爲吃齋日，甚至也有人吃早齋，乃至家中有婚喪祭典時，也以持齋來表示虔敬。不管如何，這都表達著一個慈悲尊重生命的意義。

說到素食，也不完全是宗教的意義：有的是爲了醫學上的衛生保健，有的是因爲個人的身體需要，有的是爲了生活的習慣，有的是因爲長輩家傳，有的是自己發心立願等。

美國的太空人在登陸月球之前，特地做素食的訓練，因爲素食者的體力比較耐久。例

如，牛、馬、大象、駱駝等，皆爲素食的動物，牠們都比較具有耐久的力量。又如飛行的鴿子，也是吃豆穀之類的素食者，牠們也是展翅千里，不屈不撓。反觀獅狼虎豹，雖然兇猛，可是老虎三撲，後繼無力，可見素食可以增加耐力，從這些動物中即可獲得明證。

素食，也不一定從宗教上去立言。素食有益於健康，現在已經是舉世所公認的事實。近代西方所提倡的健康飲食，即指素食而言。素食確實有益於身體的健康、心性的柔和、性格的仁慈，以及耐力的增加等等。

素食的眞正意義，其實不要在時日上計較，也不要執著鍋碗是否洗淨？素食其實是乃吃「心」也，如果心中有「素」，所謂慈悲喜捨、善良道德，都盡在其中矣！

《人間福報》二〇〇〇年八月十日

逆增上緣

一個人做人成功、事業成功，要靠很多的因緣幫助。就如樹木花草，需要有陽光、空氣、水分等因緣，才能開花結果；高樓大廈，需要有土木瓦石等材料，才能順利成建。因緣順，當然容易成就；因緣不順，不管做人也好，做事也罷，到處阻礙，困難重重。

但是，艱難困苦可以打倒一個普通的人，卻挫敗不了一個有爲的青年。因爲，順因緣固然可以助人成功，不順的因緣一樣可以激發人潛在

的力量，成爲勵志向上的「逆增上緣」。例如，我有病，才知道發道心，注意健康；我受苦，才知道改善環境，奮發圖強。

大自然裡，梅花之所以受人歌頌，就是因爲它耐得住冰雪，所以才能愈冷愈芬芳；松柏之所以令人喜愛，就是因爲它禁得起霜寒，所以才能愈冷愈青翠。皮球不是打得愈重，跳得愈高嗎？石灰不經烈火焚燒，那能把清白留在人間呢？

我們看到，在狂風暴雨中，一根孤單的刺竹，它可以昂首挺立，屹立不動；我們也知道，在南北極的冰天雪地裡，有許多的動物，它們依然奮勇的生存著。

看到颱風把樹木吹倒了，我會把樹木再扶起來；歷經地震把房屋震毀了，我會著手把家園再度重建。一個有爲的青年，愈是受人歧視，他會更加發憤，有所作爲；愈是被人欺負，他會更加爭氣，力爭上游。

「汪洋中的一條船」作者鄭豐喜先生，台南「秋茂園」的園主黃秋茂先生，都是最好的明證。

所謂「寒門出孝子」，有時晚娘的呵責，也可能成爲「逆增上緣」，造就出優秀的子孫。禪門鼓勵人，寒時到寒冷的地方去，熱時要往熱的地方走，可見在逆境中也自有另一番的天地！

中國佛教史上，如果沒有「三武一宗」的教難，就顯現不出中國佛教的輝煌力量；如果沒有威權專治的重重迫害，就不會有慧遠大師喊出

「沙門不敬王者」的高論。沒有猶太出賣耶穌，就顯不出耶穌的聖德；沒有提婆達多與指鬘外道的迫害，就顯不出佛陀的崇高與偉大。所以，人不要害怕不順的逆境，在人生的路上，大石擋路，你可能被它絆倒，你也可以把它當成眺高望遠的墊腳石。人的成功與失敗，就看你是否能將「逆境」化爲「增上緣」，因爲：

沒有黑暗，哪裡有光明呢？沒有罪惡，哪裡有善美呢？

沒有污穢，哪裡有潔淨呢？沒有差別，哪裡有統一呢？

《人間福報》二〇〇〇年八月十一日

友誼的建立

人，不能沒有朋友，所謂「在家靠父母，出外靠朋友。」甚至從小在家，我們就以鄰居爲友；長大後求學以同學爲友，出了社會工作以同事、同鄉、同志爲友。可以說，在人生的每個階段，我們都需要朋友，朋友是除了家人以外，與我們關係最密切的人。

朋友有親有疏，有好有壞；有的朋友只是泛泛之交、點頭之交，有的朋友可以秉燭夜談、促膝長談。一個人一生能夠得一知己，眞可謂「足堪告慰平生而無憾矣！」因爲「相交滿天下，知音有幾人」呀！

世間上，有的人可以爲朋友「兩肋插刀」、「毀家紓難」；有的人則「見利忘義」、「賣友求榮」。有的朋友可以同甘苦，共患難；有的朋友只能共患難，不能同享榮華；有的則能共享榮華，不能共度患難。

漢朝的汲黯、鄭富兩人都是曾經位列九卿的賢臣。在他們輝煌騰達的時候，每日訪客絡繹不絕，等到他倆丟官了以後，因爲一向廉潔，家徒四壁，從此再也沒有人拜訪了。司馬遷在《史記》裡慨歎的引用翟公的話說：「一貴一賤，交情乃見。」令人不勝噓唏！

與朋友交，所謂「近朱者赤，近墨者黑」；漢朝嚴子陵曾對子侄輩告誡：要親近益友，切莫親近惡友，所謂「刻鵠不成尚類鶩，畫虎不成反類犬」也。所以吾人應該擇友而交：要交知恥的朋友、要交有義的朋友、要交有信的朋友、要交有道的朋友。

有一次，孔子問弟子，平生的志願如何？子路說：「願車馬衣裘，與朋友共，敝之而無憾！」可見子路是一個能與朋友「互通有無」，慷慨而講義氣的人。

曾子也曾經說過：「君子以文會友，以友輔仁。」他甚至把對朋

友守信否？當成爲每日自我反省的課題。可見曾子是一個重視誠信的朋友，他把朋友當作是切磋道業、增品進德的對象。

其實，所謂「朋」者，兩月相輝映也！所以朋友本來就應該是要互切互磋，互相提攜成就；要把朋友當成一面鏡子，所謂「見賢思齊焉，見不賢而內自省」。朋友之間要能「觀德莫觀失」、「善可爲法，惡可爲戒」，才能發揮朋友的功能。

有一天司馬牛憂傷的說：「人皆有兄弟，我獨無！」子夏安慰他：「君子敬而無私，與人恭而有禮，四海之內，皆兄弟也！」其實，只要我們能待人以誠、待人以信、待人以諒、待人以德，則四海之內何嘗不也都是我們的朋友呢！

《人間福報》二〇〇〇年八月十二日

人要有使命感

常聽到人問：「人，爲什麼要活在這個世界上？生命的意義究竟是爲什麼？」回答這一個問題：「人，是爲了使命感才活在這個世界上的！生命的意義，乃負有使命感之謂也！」

有的人，從小就立志要報效國家；報國就是他的使命感。有的人，自幼便有興家立業之心，這是他對家族負有使命感也！有的人深知辦學教育的重要，教化就是他的使命感。有的人想到生產濟世，生產就是他的使命感。

有的父母，爲了子女的教育，自己甘願做牛做馬，勞苦雜役，他認爲這是他的使命感。有的賢妻，爲了幫助丈夫成就事業，不惜節衣縮食，辛勤持家，他認爲幫助丈夫成就事業，這就是她的使命感。

從軍的人，心甘情願的捐軀沙場，他認爲這是他的使命；身爲教師，作育英才，一生與講台、板書爲伍，他認爲春風化雨就是他的使命。

醫護人員，懸壺濟世，視病如己，因爲他們對於救人負有使命感也！宗教家，弘法利生，一生甘於淡泊，把眞理傳播給人，因爲普濟眾生，這是他們的使命感也！

多少勤勞的忠僕，一生侍候主人，他以此作爲使命。多少的駕駛人員，從事交通運輸，載客送人，不管早晚寒暑，奉獻一生歲月，他認爲這就是他的使命。

優良的記者，不畏險難，採訪新聞，供給大眾眞相，他認爲採訪就是他的使命。演藝人員，各種表演，爲了博君一笑，甚至演盡多少悲歡離合，他認爲這就是他的使命。

人，要有使命感！但是，我們的社會也有許多沒有使命感的人，他們吃喝玩樂、招搖撞騙、遊手好閒、不務正業；就如馬牛，水草之外，別無希望，這就失去了人生的意義。

其實，但看動物中：狗以看家爲使命；貓以捕鼠爲使命；雞以司晨爲使命；蜂以釀蜜爲使命。牛，拉車負重，這就是牠的使命；馬，日行千里，這也是牠的使命。

我們生而爲人，怎麼能沒有使命感呢？

《人間福報》二〇〇〇年八月十三日

猶豫不決

世間上，有一些人有猶豫不決的個性，遇事畏首畏尾，躊躇不前，遺誤了許多好事。《金剛經》把「猶豫」比喻爲「狐疑」，因爲狐狸的性格，經常猶豫也。

做大事的人，必須有果斷的勇氣。兩軍對陣，一場你死我活的戰爭，如果主將對於戰術猶豫不決，何能克敵致勝？

過去帝王之家，預立儲君太子，立長

立幼？猶豫不決，造成帝位之爭，甚至動搖國本。西楚霸王項羽，因為韓信曾受胯下之辱，懷疑這種人是否能夠重用？猶豫之下，韓信改投劉邦，最後項羽終被韓信打敗，刎頸於烏江。

光緒皇帝在位三十多年，性格軟弱，猶豫不決，在慈禧的控制之下，變法維新不成，反而成了瀛台的囚徒。

人生的成敗，性格影響大矣！凡事吾人應該當機立斷，否則，你看！古今歷史，士農工商，各種事業，因爲猶豫不決而失敗者，比比皆是。猶豫不好，但固執成見也不好；吾人應該要自我反省惕勵，千萬不要犯了猶豫與固執的毛病而不自知。

現代的民主政治，人人都可參選民意代表；但一些有爲的賢能之人，因爲舉棋不定，坐失良機，良可歎也！

有些人買賣股票，對股票風雲，投資與否？猶豫不決，失去賺錢商機，亦屬可惜也！

有的青年，爲了報考那所學校，左思右想，猶豫不決；有的人有心創業，但不知投資那個行業？無法選擇，猶豫不定；有的男女相愛，本來天生佳偶，也由於猶豫不決，致使情場生變，坐失有情人不能成爲眷屬，實爲遺憾！有的人對於朋友給自己的支持，本來是好事一樁，但也由於疑心，猶豫不決，故而錯失良機。

當然，凡一切事情，謀而後定，應該要多做思考，思前顧後，所謂「謀定而後動」；但是，過多的猶豫，往往坐失良機，亦是敗事之有餘也，實在應該引以爲鑑。

《人間福報》二〇〇〇年八月十四日

幻想的毛病

人，要有理想；有理想，才有目標，才能定宗旨，才能按部就班的實現理想。

但是，人也有妄想，甚至於幻想；因爲不自量力，希圖達不到的目標，這就是妄想。甚至不可能成爲事實，沒有一點可能的「因緣」，只是虛無飄渺的幻想，當然不能成功。

有些人幻想「百日升天」，有的人幻想「不勞而獲」，有的人幻想「點石成金」，甚至於有的修行人幻想「當生成就」。這許多幻想，都不可能成爲事實，除非天方夜譚裡的「一日國王」，否則哪裡可能有所成就。

亞歷山大大帝想要統一世界；當他日夜行軍，終於走到海邊，才發現這原來是一場不可能實現的妄想。秦始皇兼吞六國，統一天下；他妄想長生不老，遣使海外求藥，又自稱始皇帝，幻想子孫能夠二世、三世，代代綿延不盡。其實，與「世事無常」的眞理不相吻合的事，終究只是幻想、妄求而已矣！

世間人，自己不努力，不想辛苦工作，只希望明天就能發財，這就是幻想；自己不培養因緣，不先作好準備，就希望眼前出現一棟大樓，這都是幻想。我們鼓勵人要有理想，但不可妄想，更不能幻想。

幻想不吃飯，就可當飽；幻想不讀書，就能聰明；幻想不工作，就會發財；幻想不結緣，就能成功。這些「幻想」的事情，終究不可能有「實現」的一天。

好幻想、不重實際，這尤其是現代青少年的通病；現在的青少年往往異想天開，每天只知幻想：「我將來要如何富貴」、「我將來要如何榮華」？然而仔細想想看，一個不播撒富貴榮華種子的人，他怎麼能夠獲得富貴榮華的結果呢？

世間上，凡一切事情的成就，切實的行動占十分之八、九，故「想」不能把事情做好，必須腳踏實地才能將事情圓滿，否則「南柯一夢」、「黃粱夢」醒，也只有徒增人生的悲涼與傷感罷了！

《人間福報》二○○○年八月十五日

為你好

一個清廉的政府，所有的施政，都是要對全民好。父母即使對兒女嘮叨，他的話，也是爲了對你好。朋友的諍言，同事的勸諫，也都是爲你好。

「爲你好」，我感受不到！你們說爲我好，但我總覺得你們是在找我麻煩，哪裡是爲我好？

爲什麼體會不出別人「爲我好」呢？這就是站在自我的立場，不能認清理則，不去體會別人的好心好意。人，如果能體會出別人「對我好」

的好心好意，時時處處都感謝別人爲我好，若能如此，庶幾無過矣！

「孟母三遷」，是爲了對孟子有一個好的環境；岳母在岳飛背上刺「精忠報國」，這不但是對岳飛好，也是對國家好。

長輩有時告誡子弟，要吃苦耐勞，子弟總認爲長輩過分的要求；師長教訓學生，要忍受委屈，學生反而認爲老師不通情理。其實，父母師長，即使罵你、打你，不理睬你，也都是爲你好啊！你如果懂得，就應該「依教奉行」，不但不會怨恨，反而要感激涕零。你能體會得出別人對你好，你的心性自然就會好起來，自然能夠「善解人意」！

別人對我好，自己不能體會，實在懵懂無知。人應該要懂得「良藥苦口，忠言逆耳」；如果不能體會別人對我好，不但讓對方失望，也辜負了他的好心。

醫生，爲你開刀手術，雖然痛苦，但這是爲你好；師長，對你嚴苛的要求，其實也都是對你好。責備，是讓你能知過學好；懲罰，也是讓你能知錯改好。如果人人懂得別人「爲我好」；眞的好，固然很好，即使不好的，只要是好心好意，也是「爲我好」。如果能有這樣的受教，那正是所謂「和風細雨，用以成長也；冰雪霜寒，所以成就也」！

爲你好的反面，我有爲人好嗎？有能力的人，不但能爲人好，而且能爲自己好。好，不是說好就好，要有實際的行爲。比方說，我們用勤勞爲人服務、用語言讚美別人、用心意祝福別人，看起來是爲別人好，實際上也是爲自己好啊！

「爲你好」、「爲他好」、「爲我好」，內中實在是有無盡的好意啊！

《人間福報》二〇〇〇年八月十六日

老做小

在佛教裡有這麼一則故事：

有一個信徒到寺院拜佛，知客師招呼過後，隨即對身旁的老和尚說：「有信徒來了，請上茶！」不到兩分鐘，又對老和尚說：「佛桌上的香灰要記得擦拭乾淨！」「拜台上的盆花別忘了澆水呀！」「中午別忘了留信徒吃飯！」只見老和尚在年輕的知客師指揮下，一下

子忙東，一下子忙西。信徒終於忍不住好奇的問老和尚：「他是你什麼人？怎麼總是叫你做這、做那的呢？」老和尚得意的說：「他是我徒弟呀！我有這樣能幹的徒弟是我的福氣，信徒來時他只要我倒茶，並不要我講話，他只要我留信徒吃飯，並沒有要我燒飯，平時寺裡的一切都是他在計劃，省了我很多辛苦呢！」信徒不解，再問：「不知你們是老的大，還是小的大？」老和尚說：「當然是老的大，但是小的有用呀！」

「敬老尊賢」，這是中國傳統的美德，所謂「家有一老，如有一寶」；俗諺也說「和尚要能老，老了就是寶」、「不聽老人言，吃虧在眼前」。甚至佛經裡的「棄老國」，以及中國古代的「西漢四皓」，都是在說明老人智慧的寶貴。

老人的智慧與經驗，固然是家庭、社會的一大資產；然而一個社會的發展，也不能缺少年輕人的活力與動力。現代的家庭裡普遍有「婆媳問題」、「代溝問題」。其實，只要身爲婆婆的不要存有「多年媳婦熬成婆」的心態，而能改成學習老和尚「老做小」的精神，把媳婦當成自己的女兒般疼愛，媳婦也能視婆婆如親娘一樣的尊敬、孝養，家庭怎麼會不幸福呢？

父子之間的代溝問題，只要身爲父親的，不要凡事以權威性的命令，而能改以關心、輔導、協助的立場，學習老和尚的「交棒」而享「清福」的心情，看著兒女成長，兒女也能學習、尊重父親的經驗、智慧，不要躁進、排斥，如此又何來代溝之有呢？

其實，人生原本無所謂的大小、高低、好壞、貴賤，完全是在於自己的觀念。達賴喇嘛在榮獲諾貝爾獎時說：「我還是一個不增不減的和

尚！」陳水扁先生也說：「當總統和不當總統，其實都是一樣的！」

俗語說：越是成熟的稻穗，頭垂得越低。自古以來，越是禮賢下士的帝王，越是以賢名留芳；越是不恥下問的老師，越是能以學問傳世。所以，人際之間，只要能夠做到「老做小」、「小敬老」，家庭必能融洽，社會必能和諧。

《人間福報》二〇〇〇年八月十七日

共識的妙用

同志、同道、同學、同門，這都是志向一致，目標一致，所謂「一師一道」、「一心不二」，共識之妙也！

佛教的僧團之建立，「見和同解」就是有共同的認識；有了共同的認識，力量集中、意志統一，任何事情必能迅速完成。

西方的經濟學家每每到台灣參觀過後，對台灣的經濟發展所給予工商界的忠告，總是「要有共識」，因爲「共識」可以把台灣的經濟奇蹟推向世界。

一個國家社會，意見不一，可以討論，但是所謂民主時代，只要一

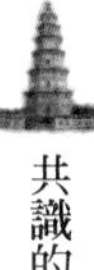

經眾意表決，就應該達成共識。近年來國民黨因為「共識」不夠，所以遇到選舉，每況愈下，失去政權，皆因沒有「共識」之故也。

甚至海峽兩岸，分歧半個世紀以上，雖然現在有心統一，只是彼此「各執其是」，不能達成「共識」，故而和平統一，遙遙無期，良有以也。

因為沒有共識，縱有力量，也會互相抵銷。你有你的主張，他有他的辦法，我有我的計劃，大家各行其是，一切理想，就因為人力資源分散，因此不容易達到目標。

所謂「楚雖三戶，必能亡秦」；因為楚人對於復國，彼此有共識。「毋忘在莒」，齊國所以能一夕之間收復七十餘城，也是上下一心，具有共識，所以才能反敗為勝。

鑑古觀今，我們看到每一個朝代，都是因為朝中意見不合，前方將士無所適從，故而每每導致國破家亡。

我們看到一個家族，同心協力；一個公司，上下一心；一個政權，對國對民，都有共同的認識。所以，成否勝敗，不必等到結果才會知曉，最初但看是否具有共識，就可知矣！

抗戰期中，日本軍閥以強大的軍事武力，預備三個月內消滅中國，但中國軍民，上下一心，經過八年浴血苦戰，終於獲得勝利。上下一條心，就是共識。

現在台灣的企業工商界，許多家族企業，一旦遇到兄弟鬩牆，意見不一，失去共識，先人所創的事業，即刻土崩瓦解。縱觀古往今來，殷鑑歷歷，能無動乎！

《人間福報》二〇〇〇年八月十八日

話說七月

「七」，在中國的數字當中，是一個奇數：七巧、七星、七彩、七律；基督教也有「七天創造宇宙」之說，甚至七天一週，每週日要上教堂作禮拜一次；在佛教裡則有禪七、淨七，乃至以七七四十九表示無限的意思。「七」是一個變化無窮、蘊涵無盡的數字。

然而，長久以來，中國的七月一直被認為是鬼月，是不吉祥的月份，料想是從道教中元普渡開鬼門關的思想演變而來。因為以訛傳訛，於是把七月認為是一個「諸事不宜」的月份，例如七月不可出門、不可開刀、不可結婚、不可購屋、不可搬家等等；民間的七月，彷彿「鬼影幢幢」，其實在佛教裡，七月十五日是「佛歡喜日」。

所謂佛歡喜日，源自於佛世時的印度，每逢夏天雨季來臨，所有僧侶皆不外出托缽，只在山中林間打坐經行，專心修持，此稱為「結夏安居」。經過三個月的時間，到了七月十五日這天，也就是安居結束之日，所有僧眾一一把自己的修行體悟向佛陀報告，等待佛陀的印可，這一天就叫做「僧自恣日」，又稱「佛歡喜日」。

從古到今，每逢七月，一般寺廟大都會啓建盂蘭盆報恩孝親法會，而信徒則為供僧、祭祖而大行布施功德，所以佛光山一直提倡七月是乃僧信孝親報恩、祈福修善的「吉祥月」、「功德月」、「報恩月」、「孝道月」、「福田月」、「僧伽月」。經過長期的宣導，現在社會大眾已能普遍認同，並且接受七月為「孝道月」的觀念，甚至國際佛光會中華總會會

長吳伯雄先生更提倡七月爲「慈悲月」。

七月其實不就是一年十二個月當中的一個月份嗎？相傳七夕是牛郎織女一年一會的日期；美國的國慶日也在七月，甚至全世界的名人當中，七月出生的更是不計其數。現在的學校大都在七月舉行畢業典禮，聯考放榜也是在七月；即使是中元普渡或盂蘭盆法會，也是慈悲救濟的意思。七月到底有什麼不好？爲什麼大家要醜化七月呢？

七，本來是一個好的數字，但因民間牽強附會，大家七嘴八舌，搞得一般社會大衆到了七月倒反而「七上八下」，認爲諸事不宜。其實，佛教講「日日是好日，月月是好月」，應該在七月成辦的事，什麼都可以去做，實在不必爲了無稽之談而自亂生活步調，甚至因爲疑神疑鬼而徒讓心靈蒙上陰影，何苦來哉呢？

《人間福報》二〇〇〇年八月十九日

健康的重要

人間什麼最重要？健康最重要！一個人如果失去了健康，即使擁有財富、愛情、名位、權利等，於己又有何意義！

根據資料顯示，人類死亡的原因，依序是：

第一、疾病：例如愛滋病、肺結核、肝癌、心臟病等，於今都是名列世人死亡的十大疾病之一。

第二、戰爭：自有人類以來，大小戰爭不斷；一旦戰爭爆發，不但砲火無情，敵人的無情蹂躪，諸如南京大屠殺、揚州洗城、嘉定三屠等，可知戰爭之殘酷，更是死傷無數。

第三、意外：儘管現代科技發達，每年死於交通、地震、風災、水災、空難的人數，有增無減。

第四、死刑：世界各國的罪犯，一年當中槍斃的何止萬千的生命！即以中國秦始皇的焚書坑儒；歷代的文字獄、思想犯，更是死傷不知凡幾？

第五、其他：諸如自殺、油盡燈乾而終者，皆在此列。

人生，一旦沒有了生命，沒有了健康，一切都是空談；健康的重要，由此可見。

如何才能獲得健康呢？依照各家的說法，例如醫學界認為：第一要運動（每天至少一萬步）；第二飲食要清淡而少量；第三要動腦思惟。

在佛教也有心理健康與身體健康療法。在心理健康方面，要保持：淨心、寬心、慈心；在身體健康方面，要：禮拜、行香、作務。

其實，眞正的健康，意義有三：

第一、要能有益於社會的公益。

第二、要能有益於自己身心的修養。

第三、要能對後世有貢獻、影響。

現代的醫學界，不但利用基因來療病，維護身體健康；甚至發展出基

因複製牛、複製羊的現代新科技。對於基因帶給社會未來的發展，究竟利與弊，自有其因緣果報；我們身體的健康與不健康，也都在因緣果報之中。所以，吾人生存在世間上，要懂得生命是受著因緣果報的影響；我們的健康，乃至未來的幸與不幸，也都有因緣果報的關係。

總之，健康乃人人所求，人人所希望；但是吾人應該了解，健康不是神明所賜給，也不是金錢所能買得。能否擁有健康，完全要看自己對因緣果報的認識和實踐而已！

《人間福報》二〇〇〇年八月二十日

自然之美

美，人人希望，人人追求；假如生來不美，也要藉著人工加以美容、化妝、整型，總要想方設法增添自己的美麗。然而，不管人工打造得再怎麼周全，總不若自然之美也。

自然之美，你看！宇宙間，天空蔚藍，白雲飄飄；雨後的彩虹如橋、夜晚的星光閃耀。在明月高掛的夜空下，天高氣爽，獨自登高，瞭望蒼穹無邊的虛空，不但令人感到大自然的美麗，更讓人感到大自然的無窮無盡。

天地間，你看！峭壁千仞的高山，壯闊澎湃的江河，蓊鬱蒼翠的林海，一望無垠的沙漠；這許多大自然美麗的錦繡河山，不但讓人歌頌自然之美，更要歌頌自然的偉大。

自然之美，令人神往，令人詠歎。在生活中，有的人爲了追求美，自然不足，補之以人工：庭院花圃，總要設計得與自然相襯；家居的書房客廳，總是布置得很有自然的美感，甚至自己的服裝、臉型、身段、姿態等，總要想辦法合乎美的標準。

其實，美是難以有標準的；但是，美應該是有原則的。美，要讓人看起來感覺很舒服，要能淨化性靈、昇華心識、擴大胸襟、超越現實世界；能夠美化人生，那就是美的意義。

世間上，建築物如果過分雕樑畫棟，就會失去自然之美；人，如果過分濃妝豔抹，也會失去自然之美。因爲，裝扮做作、刻意矯情，就失去自然之美了。

我們追求自然美，說話要能幽默流暢；做人要能通情達理；處事要能天衣無縫；進退要能恰到好處。能夠如此，那就幾近於自然之美了。

所謂「自然就是美！」男士的威武，女性的柔和，老人的慈祥和藹，兒童的天眞爛漫；只要適性所爲，那就是自然之美了！

現在的社會，也有很多美麗的建築、美麗的繪畫、美麗的裝飾、美麗的都市，總之是人創造的。唯有自然美，那才是自然創造的。

蔚藍如洗的天空，人能創造出來嗎？無邊浩瀚的海洋，人能創造出來嗎？巍巍高聳的山峰，人能創造出來嗎？紅如柿子的太陽、淨如琉璃的月亮，人能創造出來嗎？

所以，自然之美，非人工所能創造出來的。我們只有歌頌自然之美，欣賞自然之美，學習自然之美喔！

《人間福報》二〇〇〇年八月二十一日

增加營養

身體不好，要增加營養；體力不足，要增加營養。總之，人的健康，要靠增加營養來維持。

保持人體健康的營養，也不一定只靠食物、藥物，或是什麼珍貴的補品；其實，眞正的營養，寬心、樂觀、積極、愛人、明理、感恩、知足、慚愧、惜福、結緣、慈悲、智慧等，都是最好的營養。

此外，清淨的空氣就是我們的補品，和煦的陽光也是我們的營養，良言鼓勵，體貼慰言，也都是美好的資糧。

世間上，有一些人飽食終日，無所用心，越是清閒疏懶，越是精神萎靡，暮氣沉沉；但也有的人每日東奔西跑，忙碌不堪，卻越忙越有活力，越忙越是精神煥發，生氣盎然。可見人生以服務爲目的；忙碌勞動，更是身心最滋養的肥料。古代禪門的百丈禪師「一日不作，一日不食」；臨濟禪師的「栽種松樹」；道元禪師的「晒香菇」，不但是修行，其實也是最佳的養生之道。

然而，世間上也有一些人，不但不注意身體的營養，不但不懂得保健，反而戕害自己的身心。例如：不應該發愁的時候他發愁；不應該生氣的時候他生氣；不應該有的欲望他貪求，不應該拒絕的他排斥。一個人如果量小如酒杯，就算是天降甘露給你作爲補品，你也所得不多！

平時我們讀書，讀書是營養；我們旅行，旅行是營養；我們信仰宗

教，信仰是營養。有時候我們交友，也是爲了增加營養，所以交友時要看，這個朋友有沒有營養？我們所接觸的周遭，只要對自己的道德、品性、智慧、人緣能有所增加者，都是重要的營養。

甚至，天地萬物，都是彼此互相補充營養。因此，我們除了自己要吸收從外面而來的營養以外，自己本身也應該時時以微笑、好話、服務、奉獻、結緣等，作爲回饋給別人的營養。人際相處，能夠彼此相互營養，這才是眞正的增加營養。

《人間福報》二〇〇〇年八月二十二日

死水與活水

一池靜止的死水，和一條涓涓細流的活水，同樣是水，但是我們即刻可以判斷出水質的不同。

死水，表示沒有生命；它沒有跳躍，沒有流動，沒有未來。而活水雖然是細流，但奔放向前，與阻礙奮戰，自能流出無限的前途。

生命一如流水；流水淙淙，永不停息。我人的心念，念念不停，恰如流水。唯識宗更將第八阿賴耶識喻爲瀑流。

生命如水！但是，有的人自己本身保守固執，不把生命、心靈跟大地眾生共同活躍起來，宛若一灘死水，無益於世。有的人讀死書，死讀

書，讀書死，這都是沒有活用生命，故而讓生命變成了死水。有的人覺得做人難，人難做，難做人，這也是沒有發掘自己的潛能、才華、專長，所以活水不來，就如同死的生命。

當一個人感到自己的生命有所不足時，就是死水；當一個人不肯發心利眾時，就是死水；當一個人不願把自己的所有分享別人時，就是死水。

朱熹有詩云：「問渠那得清如許？謂有源頭活水來。」當我們有了般若智慧，就是有活水。吾人應該善用我們生命的活水：

枯萎的禾苗，我以甘霖的活水滋潤之；

瞋恚的怒火，我以忍耐的活水熄滅之；

污穢的身心，我以智慧的活水洗淨之；

焦渴的人生，我以佛法的活水飲用之。

不只生命如水！其實：

人情如水：如果只蓄不流，就是死水；如果能夠彼此互動，相互往來，就是活水。

金錢如水：金錢不用，就是死水，能夠活用金錢，就是活水。

人性如水：水往低處流，人往高處走；人生能有「逆水行舟」的精神，逆生死之流而上，生命即可活躍，即是活水。

人心如水：水會流，心會動；當我們把心活躍起來，就是活水。

一只茶杯打破了，茶杯本身不能復原；但是裡面的水流入地層，經過遇熱蒸發，遇冷凝結致雨，仍然可以還原回來。所以，生命如水，流遍十方；能否活出生命的價值？就看自己的生命是死水還是活水！

《人間福報》二〇〇〇年八月二十三日

溝通的技巧

居家環境的水管、水溝如果不通，污水不能排除，就會污染環境，造成生活上的不便，影響生活品質。人際往來，如果溝通不良，不但事業難以成功，自己的人緣或是家庭生活也都難以有美好的結果。因此，如何跟別人保持良好的「溝通」，建立良性、和諧的互動關係，這是現代人生活裡必修的一門學問。

現代人因爲經常自我設防，造成人際之間的疏離，許多家庭問題因此產生，例如親子之間的代溝、婆媳之間的不和，乃至親朋、鄰居之間老死不相往來等，大都起源於溝通不良。

造成溝通上的障礙，有的是拙於言詞，有的因爲表達不當，有的則是因爲自己預設立場，不能接受別人的意見，自然無法溝通；也有的人態度冷漠，令人不願碰觸；但最是令人難以接受的，則是姿態太高，對於自己的主張，要人奉若聖旨，完全沒有商榷的餘地，如此之人，如何溝通？因此，一個人能夠「從善如流」，讓人覺得自己很好說話，別人才好跟你溝通；能夠「與人爲善」，讓別人覺得於己有利，別人也才願意與你溝通。

尤其，溝通的目的，是爲了取得彼此的共識，達成意見一致，而非強迫對方接受自己的意見，因此要能站在對方的立場，設身處地的替對方著想；能令對方歡喜接受，才是有效而成功的溝通。

佛世時，佛陀爲了度化優婆離、尼提等階級低下的弟子，總是先給予讚歎、肯定、認同，先讓他們對自己建立起信心，再引入佛門。所

以，佛教的「四攝法」——布施、愛語、利行、同事，都是溝通人際的最好法門。

現代人除了夫妻、親子、朋友、主從、黨政之間要溝通，甚至在國際間，國與國的關係，乃至東西文化之間，都要建立溝通的管道，彼此在意見、思想、理念、作風、主張上都要互相交流，如此才能融洽和諧、兼容並蓄的共存共榮。

除此，每日與自己保持良好的溝通，對自己的優點加以肯定，對自己的缺點加以改進，時時保持樂觀開朗的生活態度，不要讓自己的心中積滿不平、不公、不滿的情緒，一切隨來隨遣，這才是最重要而不可或缺的「溝通」功夫。

《人間福報》二〇〇〇年八月二十四日

回頭轉身

「回頭是岸」，這是一句警世的名言，所謂「浪子回頭金不換」，一個人如果不能看清自己的前途去路，只是盲目的往前衝撞，其結果不是碰到牆壁而頭破血流，便是墜入懸崖而喪身失命，所以懂得「回頭是岸」，這是非常重要的。

在人生的旅途上，處處充滿了誘惑、陷阱，如果不懂得「回頭」，終將陷入萬劫不復之境。例如，色不迷人人自迷，酒不醉人人貪杯；所以在酒色之前，要能「回頭是岸」。

金錢名利，一心貪求；高官厚祿，心嚮往之。可是名枷利鎖，框縛

了古今多少的英雄好漢？如果能夠懂得「回頭」，人生何至於有那麼多的不能自由自在呢？

人生世間，在我們面前的只有半個世界；如果懂得「回頭」，也還有半個世界。前面的半個世界只是個窄門，大家都往這個窄門裡擠，當然要擠得頭破血流；假如能夠回頭，看看後面的半個世界，無人爭、無人搶，何等寬廣！何等逍遙自在呀！

「苦海無邊」，眞是「回頭是岸」呀！人不但要懂得「回頭是岸」；懂得「轉身」也是非常的重要！人常常被世事逼到一個死角裡；常常因爲顧念人情而陷入胡同中。如果能夠懂得「轉身」，爲自己預留一點空間，何等的重要啊！

汽車行駛在馬路上，就要預想如何才能轉彎？人和人在路上相遇，就應該懂得自我「轉身」；如果互不相讓，不懂得轉身，就表示自己勝利了嗎？

很多尷尬的事情，自己要懂得找個台階下，那就是一個「轉身」；人和人起了爭執，也要能相互禮讓一些，這就是「轉身」。在人我之間有了計較的時候，你沒有留給自他轉身的餘地，當然不會有很好的結果；在金錢利益的面前，你不給人一些轉圜的空間，自己又怎麼能有轉身之地呢？所以，當你遇到阻礙的時候，就應該要懂得「轉身」。

所謂「行到山窮水盡處，自然得個轉身時」。船，行駛在苦海中，就

要知道「苦海無邊，回頭是岸」；當你向著人生的前途出發時，自然也要明白，自己的轉身之地在哪裡呢？

在佛光山的頭山門，有一首對聯說：「問一聲，汝今何處去？望三思，何日君再來！」其橫批即「回頭是岸」；能夠懂得「回頭是岸」，還怕沒有「轉身」的餘地嗎？

《人間福報》二〇〇〇年八月二十五日

愚癡的可怕

世間上最可怕的是什麼？貧窮、飢渴、恐怖、絕望……，其實，愚癡最可怕。

愚癡就是不明理，不明理的人，顛倒、邪見、惡行，不但影響自己、影響一時，而且影響他人、影響後世。

在佛經裡，佛陀一再強調智慧的重要，因此舉出許多愚癡的故事來說明愚癡的可怕，例如：刻舟作記、學鴛鴦叫、背門看戲、殺子成擔、愚人吃鹽、牛腹集乳等；中國的成語故事中，「削足適履」、「剜肉補瘡」，也是在說明愚癡的可笑。

在古今歷史上，有的江洋大盜因爲一時泯滅良知，打家劫舍，故而身陷囹圄；有的賣國漢奸因爲一時不明利害，貪圖所得，於是罵名千古，這就是愚癡。

在現實生活裡，好賭的人，以爲只會贏不會輸，這也是愚癡；好戰的人，以爲會勝，不知會敗，這也是愚癡。

害人，只想到自己的利益，完全沒有想到害人的結果，這是愚癡；頑強的人，只想到自己出氣，卻不顧因此會傷害到處世的人和，這也是愚癡。

商人「買空賣空」，想要投機致富；農夫「拆東籬，補西牆」，這都是愚癡。婦女買了許多的衣服穿不完，要經常晒洗衣服；富人買了許多房子住不了，要經常打掃房子，這都是愚癡。

不能認清事實眞相，遇到問題不能針對癥結所在，提出正確的解決之道，這更是愚癡。例如台灣近年來一再使出金錢外交，試圖拓展國際空間，卻不懂得鞏固內政，例如治安惡化不檢討、交通紊亂不改善、黨派傾軋不溝通、金融風暴不化解等等；內政問題不解決，民心惶惶不安，即使多了一個國際友邦，又有何意義呢？更何況每次出使的結果，不都是事與願違嗎？

愚癡比一般的犯錯更加嚴重；犯錯如同走路摔倒了可以再站起來，愚癡如暗夜行走，不見光明。愚癡需要智慧的光來照破；所謂「千年闇室，一燈即明；累劫愚癡，一智頓悟。」認識愚癡的可怕，尤感智慧的重要，因此吾人應該開發自性的智慧之光，如此才能創造光明的前途。

《人間福報》二〇〇〇年八月二十六日

心的牢獄

一個人，如果做了違法的事，被人一狀告到法院，就要接受法律的審判。有時候雖然別人沒有提出告訴，沒有受到國法的制裁，但卻逃不過自己良心的責罰，因而終生住在「心的牢獄」裡。

其實，舉世滔滔，滿街的行人，如果讓每一個人自己來反省，你能說自己從未做過違背良心的事情嗎？如果做了違法的事，自己坐進了心的牢獄，表示還有良知、懂得慚愧，這種人還好，就怕有的人恬不知恥，雖然他心中沒有牢獄，但是將來因果報應，還是免不了會有刀山劍樹的地獄之災。

社會上，有的人雖然犯了法，身陷囹圄，身體失去了自由，但因爲他懂得反省、知道懺悔，反而得到了心靈的解脫，得到了靈魂的自由。所以，牢獄裡的犯人，其實是用時間換取了空間，讓他在牢獄裡能夠自由的思想、自由的反省、自由的懺悔。所以，外在有形的牢獄，反而開啓了他的心靈之門，開啓了他的性靈之光。

反觀一些每日奔走在市儈之途的自由之人，他們的心靈卻被權勢名位、利害得失、人我是非、無明煩惱等緊緊的束縛住，正如禪門的「鵝在瓶裡」，不得自由。

社會上的牢獄有多種，依罪行輕重、定讞與否？分別有看守所、少年觀護所、少女技藝所、外監、重型犯監獄、終生監禁等。

世間之外，佛經裡有所謂的十八種地獄，分別是八寒、八熱、孤獨、近邊等地獄。其實這些地獄也就是我們自己心中的牢獄，例如：欲

望的牢獄、瞋恨的牢獄、我執的牢獄、愧疚的牢獄、懊悔的牢獄；驚慌恐懼的牢獄、灰心絕望的牢獄、憂悲苦惱的牢獄等。

這麼多的牢獄，其實都是源於「五蘊」所積聚的「我」；我，就是牢獄，五蘊熾盛就是牢獄。因此佛經說：「三界無安，猶如牢獄」，沒有獲得解脫的人，每天就像被鈕械枷鎖拘身，時刻不得自在。

吾人要如何才能從「心的牢獄」裡解脫出來呢？

第一、信仰：信仰的鑰匙可以開啟心牢之門，到達快樂的天堂。

第二、慈悲：慈悲的鑰匙可以開啟心牢之門，到達無爭的領域。

第三、智慧：智慧的鑰匙可以開啟心牢之門，到達光明的淨土。

第四、道德：道德的鑰匙可以開啟心牢之門，到達完美的世界。

聰明的你，是否找到開啟心牢的鑰匙了呢？

《人間福報》二〇〇〇年八月二十七日

受騙的原因

經常聽到有人抱怨：被人騙了！歹徒騙人的技倆，諸如：金光黨用假鈔騙眞鈔、不法商人用假貨騙取金錢、不肖之徒用可憐相博取別人的同情，從而遂行詐騙之實；更有宵小之輩以花言巧語獲得別人的歡心，實際上也是在行騙詐欺。

世間上騙人的花樣很多，一般人之所以上當受騙的原因，除了少部分人因爲基於一份惻隱之心，未經求證就貿然聽信於人，故讓歹徒有機可乘。除此，受騙的原因，大都是因爲貪心；貪心，才是受騙的最大因素！

舉例說：有人謊稱家有傳家寶貝的古董一只，價值不菲，因需錢應急，只要有人出價三十萬，即可半賣半送；如果你貪圖別人的寶貝，自然即刻被騙上當。

也有人說，自己有土地一塊，市價值幾千萬元，因生意一時周轉不靈，希望能以土地抵押向你借款五十萬元，一等賣地後，連本帶利六十萬元奉還。結果事後發現，原來土地所有權狀是一紙僞造文書。

也有人以五十萬元支票調借頭寸二十萬元，言明逾期未還就以支票償付，結果事後發現，此乃空頭支票也。

也有人聲稱與朋友合夥投資作生意，明年即可分紅多少，現在需要資金三百萬，請你先給予方便，明年加倍奉還。結果也是肉包子打狗，一去不回。

也有人自稱來自軍中，手上有軍糧二千石，無法報銷，只要你付運費十萬元，即可免費奉送。結果二千石糧食沒個影兒，十萬元也飛了。

世間上形形色色的人，到處不乏騙子充斥人群。即以家庭中，兄弟姐妹彼此之間也會行騙，這是家庭騙子；社會上，同事、朋友之間，也會謊言以對，這是屬於社會騙子；國際上，也有軍火騙子、經濟騙子，甚至政治騙子等。

被人騙了，這是小事；人生最大的愚事，是自己騙自己。之所以如此，是因為不能認識自己的居心動念，不能認識自己的因緣關係，所謂「不知為知，不明為明」，因為自我偽裝，這是自己對社會行騙。

其實，每個人從小為了向父母取得自己的要求，即對父母行騙；談戀愛時，虛張自己的條件，這就是對愛人行騙；護短、恕己，這是對社會、對長官、對自己都在行騙。因此，人騙我，我騙人，造成相互矇騙的社會、相互矇騙的人生。

如何從矇騙中解脫出來呢？唯有放棄虛妄、貪圖，回歸自我的真實面目；能夠以真心待人，才能不騙人，也不為人所騙。

《人間福報》二〇〇〇年八月二十八日

生涯規劃

「生涯規劃」，這是現代社會、現代人生的一個現代新理念。

現代人，有的人在金錢上規劃自己一生的開支；有的人在感情上規劃自己一生的成親、子女，不但對於何時成家立業，甚至所謂「傳宗接代」，也都有了長遠的規劃。

有的人，不但為自己的生涯作規劃，甚至對祖先的紀念、對兒孫的未來、對社會的道義，也都作好了自己奉獻的規劃。當然，也有一些普通的人民，一個月的工資，他只能規劃一個月的生活；有的人拿著一天的薪水，只能規劃這一天的用度。

有的人，除了規劃一日三餐，別無餘力規劃其他；有的人，只能規劃自己的存在，沒有力量再去規劃別人。因此看起來，在世間上做人，能有一個完整的人生規劃，實在是不容易。

孔子的「三十而立；四十而不惑；五十而知天命；六十而耳順；七十而從心所欲不踰矩。」這就是人生的規劃。

世界四大文明古國之一的印度，他們把人生規劃爲：

二十歲是自學的人生；四十歲是服務的人生；

六十歲是教學的人生；八十歲是雲遊的人生。

也有的人把人生規劃爲：三十歲是文學的人生、五十歲是哲學的人生、七十歲是歷史的人生。現代社會上的人，則把自己規劃爲士農工商，各自在自己的領域中發揮所長。

甚至佛教主張的「悲智雙運」、「福慧雙修」、「行解並重」、「慈悲喜捨」等，也都是生涯規劃的依據。例如：口才好的人，可以從事教化工作；擅長文字的人，可以從事文化傳播；思想縝密的人，可以從事學術研究；富有慈悲心的人，可以從事社會公益等等。

其實，眞正的人生規劃是不確定的，各有因緣，有時候實在由不得自己作主。所以，最好的生涯規劃是把自己規劃成：自覺的人生、自度的人生、利他的人生；在生活中，要有淨化的感情，要有善用的金錢，要有德化的處世。能夠把「移風易俗」作爲自己人生規劃的前提，讓自己的生命活得有意義、活得有價值，這就是最好的生涯規劃。

《人間福報》二〇〇〇年八月二十九日

懶惰之害

有一個寓言說：有一家人都很懶惰，每日的家事爸爸不做就叫媽媽做；媽媽也懶惰不做，就叫兒女做；兒女也不肯做，就叫小狗做。小狗沒有辦法，只好用尾巴掃地，用身體抹桌椅，甚至用嘴啣水管來澆花草。有一天，來了一個客人，見到小狗在做家事，很訝異：「喔！小狗這麼能幹，還會做家事呀！」小狗說：「沒有辦法，他們都不做，只有叫我做！」客人一聽，大吃一驚：「小狗也會說話！」小狗趕快對客人示意：「噓！不要讓他們知道我會說話，否則他們還會要我接電話呢！」

一個人，天生兩隻手，就是要做事；生來一雙腳，就是要走路；甚至眼睛要看、耳朵要聽、嘴巴要講話，天賦於我們的本能，如果不用，人不是成爲廢物了嗎？

西諺有云：「黃金隨潮水流來，也要你早起去撈起它。」中國人一向相信財神爺可以送財富；但是財神送財來，也要你禮貌性的去接受，如果你懶惰避開他，也不能發財。甚至圍在頸項上的大餅，你吃完了前面的部分，如果連轉動一下都懶得去動，那麼餓死也是活該。

其實，人，多數是不懶惰的，你看！天生用眼睛來看世間萬物，但是覺得不夠，因此發明顯微鏡、望遠鏡，希望看得更高、看得更眞；天生耳朵要來聽聲音，人們又發明了擴音機、廣播機、電視機，希望聽得更遠、更大聲；天生雙腳應該用來走路，人們又發明腳踏車、機車、汽車等，希望能與時空競賽。

世間上，懶惰與貧窮是難兄難弟。因爲懶惰，所以貧窮；因爲貧窮，因此容易懶惰，這是互爲因果。所以，吾人要想改變命運、改變貧窮，必須捨棄懶惰，要能勤勞精進。

讀書的人，要口到、眼到、手到、心到；有「四到」的人才會讀書。修行的人，身要禮拜、口要稱念、心要觀想；能夠「三業」接觸佛心的人，才能蒙佛庇佑。

所謂「春天不下種，何望秋來收？」不播種，如何有收成？不勞動，如何有成就？一個懶惰懈怠的人，即使才華過人，永遠也用不到自己的長處；如此辜負「天生我才」，豈不可惜復可悲乎？

《人間福報》二〇〇〇年八月三十日

人生三間

在人間的生活當中，「三間」最重要！「三間」如果處理得好，幸福安樂；處理不好，煩惱無邊。所謂「三間」：

第一是時間。守時的人生非常重要，對於約定的時間要遵守，所以有謂「限時專送」、「限時完成」、「限時履約」。時間對吾人非常的重要，從小我們都讀過：「日曆日曆，掛在牆壁；一天撕去一頁，我心多麼著急。」因為人生一世，有一定的時間，一年復一年，一日復一日，人生幾何？怎能不重視時間呢？

第二是空間。空間對人生非常重要，從小我們就知道要爭取一個座

位、爭取一個床鋪，總希望能有多一點的「空間」。及至進入社會，爭土地、爭房屋，也是希望自己多擁有一些「空間」。多少人爲了爭「空間」而鬧上法庭；路邊經常可見一些交通事故的現場，有人在爭執，也是爲了「空間」的計較。甚至國與國之間，爲了領土空間而戰爭，死傷無數。雖然是宇宙寬廣，夜眠不過八尺，但是誰願意放棄「空間」呢？

第三是人間；也就是人與人之間。人我之間如果關係良好，相助相成，這是很大的福分；如果相嫉相斥，則痛苦不堪。

人我之間，重要的是相互尊重、包容、諒解、幫助，如果有一方不能體諒另一方，則人我之間必然會發生問題。相愛的夫妻鬧婚變，就是不善於處理「人間」；多年的朋友反目成仇，他們的「人間」必然有了問題。所以，人我之間如果不能恰如其分，不能合乎情理，就會產生煩惱。

其實，每一個人都只是世間的一半，甚至是三分之一；「我」以外還有一個「你」，你以外還有一個「他」，你我他之外，還有周遭接觸的各種人等，所以人與人之間，是一個多麼難處理的問題啊！

人生三間，對於時間的流轉，除了自己遵守時間以外，由不得我來掌控。至於空間的運用，各有各的據點，每一寸空間都有它的主人，我們不能不以合法來擁有。只有人我之間，端看我的智慧、本領、福德因緣；我應該把多少給予人間，才能和諧人間？如果我能圓融人我之間，人間就會回報我以安樂。所以，人生三間，我應該如何遊走呢？就看吾人的智慧與修養了！

《人間福報》二〇〇〇年八月三十一日

散播快樂

「我們要把歡喜快樂散播在人間！」多麼美好而有意義的宣言呀！

社會上，多少人每天忙於修橋補路，爲了給人方便，這是散播歡喜快樂在人間；多少人無私的恤寡濟貧，爲了給人幫助，這是散播歡喜快樂在人間。有的人平凡本分，誠誠懇懇的勤勞作務；有的人胸懷大志，積極奮發的服務奉獻，他們都是爲了把歡喜快樂散播在人間。我們的社會，就是靠著這許多人帶給我們溫暖，作爲我們的榜樣。

甚至植物中，一粒種子播撒在土地裡，它也會開花結果；人際上，一句好話散播在人間，便能帶給許多人歡喜，增添人間的美好。

觀世音菩薩，他把大慈大悲散播在人間；地藏王菩薩，他以救苦救難的願心深入地獄。孔子遊學各國，他散播了教育的種子；佛陀行腳五印，他傳播了佛法的智慧。所謂「前人種樹，後人乘涼」；我們不就是因爲這許多過往的先賢大德、仁人志士，他們散播的歡喜幸福，我們才能身受庇蔭，享受美好的人生嗎？前人成就了我們，我們對於後來的人，又該以什麼來遺留給他們呢？

我們要把好話留在人間！我們要把好事留在人間！

我們要把德行留在人間！我們要把功績留在人間！

希望我們的社會，上焉者能把文化、道德、善美，化爲歡喜幸福的種子，散播在人間；一般平凡大眾，能把心意、勞力、技藝，化爲歡喜幸福的種子，留傳給我們的後來者。

希望我們的社會大眾：

熱心教育的人，可以布施教化；

喜歡慈善的人，可以播撒慈悲；

樂意喜捨的人，可以將利益分享大眾；

愛好勞動的人，可以獻心獻力，幫助大家。

所謂「天生我材必有用」，我不能損傷到大地眾生，不能做一個破壞者、分離者，我要把歡喜快樂布滿人間，這是人道，也是責任。

你看！一朵小花，它也懂得要把芬芳散布在空氣裡；一隻鳥兒，牠也知道要以歌聲來愉悅人間。佐料加在菜餚裡，就會美味可口；機械給它加油，就能發動運轉。身為萬物之靈的人類，怎能不把歡喜快樂散布在人間呢？

《人間福報》二〇〇〇年九月一日

往好處想

人，是一個有思想的動物！古往今來，有的人在幻想，有的人在妄想，有的人在夢想，更有很多人有理想。

斗室之中，臥榻之上，本來無事，但人可以想出很多的事情來，所謂家事、國事、天下事，都在「想」的念頭之中。

佛經說，人是五蘊（我的代名詞）和合而成。五蘊就是色、受、想、行、識；「想」是「我」的五個部分之一，「色」蘊和「識」蘊就是我們的身心，有了身心就有受。「受」有苦受、樂受、不苦不樂受；「想」也是有善想、惡想、無記想。一般人想自己，多往好處想；想別

人，都是往壞處想。

人的想，想到自己，即使不好，也都可以原諒；想到別人，即使很好，也不能隨便放過。人對自己是寬大的，對別人是苛刻的，假如人能把責備別人的，拿來責備自己；寬諒自己的，用來寬諒別人。凡事「往好處想」，這樣的人生，多麼美好啊！

經云：「三界唯心，萬法唯識。」吾人每日的生活，都在顛倒妄想之中，沒有的事情，他也能想入非非。雖然，人不能沒有思想，但是思想要淨化。一湖水，需要淨化，才能供人飲用；思想的流水淨化以後，於人於己才都有益處。

所謂「聖賢的思想」，都是以天下為己任；所謂「惡人的思想」，都是想要如何占人的便宜。普天之下，多少人想給人方便，捨己為人；多少人處心積慮，找人麻煩。「想」，眞是一念是天堂；一念是地獄。

「想」，有時候想「我」，有時候想「你」，有時候想「他」；你、我、他都在「想」中糾纏不清。有時想佛國淨土，有時想人間是非，有時想惡鬼畜生，如果把抽象的「想」都積聚起來，恐怕三千大千世界都容納不下這許多的煩惱妄想。

自古以來，思想問題成爲人間的一個大問題，有的人認爲有思想的學者專家受人尊敬，但也有思想犯送往斷頭台。不過，還是有不少人一再提倡思想自由；「想」，應該是自由的，只是吾人應該爲自我的思想做出一個良好的引導。能夠想好的、想眞的、想善的、想美的；凡事「往好處想」的人，才是一個有思想的智慧人。

《人間福報》二〇〇〇年九月二日

人生滋味

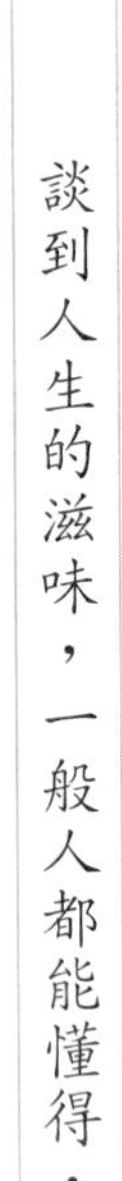

談到人生的滋味，一般人都能懂得，人生的滋味是「酸甜苦辣」。

有人說，人生有三味：青少年的人生是甜蜜的滋味，中壯年的人生是酸辣的滋味，老年人的人生是苦澀的滋味。

其實不盡然也！青少年也有許多人的歲月是不幸的。例如孤兒院的孩子、失學的兒童、街頭流浪的青少年，他們不但沒有感受到人生的滋味是甜美的，而且在幼苗時就飽受著風霜雨雪的摧殘。

中壯年正是奮鬥創業的階段，雖然有著辛苦的酸辣滋味，但是也會有甘甜的美味。正如有的人故意在調味品中放了酸醋，甚至吃辣，越辣越有味，可見酸辣的滋味也是中壯年人生的需求。

老年人的苦澀滋味，大都是因爲他的人生一事無成，尤其過去從來沒有廣結善緣，到了老年的時候，歲月裡的光華彩色不再，他當然會感到人生是苦澀的。但是也有多少的老年人，他一生的成就可以走進歷史，爲人所歌頌；有的人善德美名，走進社會群眾，爲人所崇敬；也有的人與世無爭，退隱山林，但仍爲人所羨慕，這許多功成名就的老人，人生也不完全是苦澀的。

過去常有人感歎「少壯不努力，老大徒傷悲」；現在我們要呼籲

「少壯要努力，老大多歡樂」。人生的滋味，雖然百味具陳；然而就如廚房裡善於烹調的廚師，當需要鹹的時候則鹹，當需要淡的時候則淡，酸甜苦辣，只要能適合個人的口味，又有什麼不好呢？

我們不要怨歎人生的滋味酸甜苦辣，我們的人生只要能爲大眾所欣賞，能讓大眾所肯定，即使酸甜苦辣，也不是不好！主要的是，我們要把人生眞正的滋味：幸福的滋味、和諧的滋味、善美的滋味，乃至其他不管什麼滋味，只要他人歡喜，我們都應該無私的奉獻。我們要把人生最美好的滋味供養大眾，並且以人生的滋味來莊嚴自己的人生。

《人間福報》二〇〇〇年九月三日

聞過則喜

「人非聖賢，孰能無過！」自古以來，仁慈的君主皆肯「下詔罪己」，自謙的重臣都有「過失一肩挑」的勇氣。子路「聞過則喜」，大禹「聞過則拜」，因爲「聞過認錯」，畢竟是美德。

現在社會上的一般人士，尤其是青少年，有一個最大的缺點，就是不肯聞過、不肯認錯。有時候就算你對他是善意的忠告，他也刻意的解釋自己的立場，他會過分的掩飾己非，不肯承認過失。如此諉過，不肯接受「逆耳忠言」，難道就能有所成就，就能有所進步嗎？

美國總統柯林頓的緋聞舉世譁然，但由於他肯認錯，他能勇敢的向

全國民眾道歉，終能消除漫天的風雨，還給他一個晴朗的天空。日本的領導人物，有時候因爲政敵的攻訐，黯然下台，但只要他能認錯，社會的輿論即刻會對他有另外的公評。我們中國的一些政治人物，都有一個同樣的毛病，就是死不認錯。甚至廣大的群眾中，兒女不肯認錯，父母也不肯認錯；部下不肯認錯，長官也不肯認錯；朋友之間，彼此都不肯認錯。

「聞過認錯」要有勇氣，中國人過去被譏爲「東亞病夫」，實際上應該是在「聞過認錯」

的前面都是懦夫啊！

因爲一般人認爲過失是恥辱的，認錯是莫大的羞恥；但是眞正說來，儒家說：「知恥近乎勇」，眞正的知道羞恥，那就是一個勇士。《成佛之道》說：「恥有所不知，恥有所不能，恥有所不淨。」能夠知恥認錯，才會「緣恥發菩提，邁向成佛道」。

你看！歷史上，越王勾踐「臥薪嘗膽」，終能雪恥復國；孫中山先生不以革命多次失敗而氣餒，終能推翻滿清，建立民國。

李陵《答蘇武書》說：「范蠡不殉會稽之恥，曹沫不死三敗之辱，卒復勾踐之讎，報魯國之羞。」《論語》也說：「過則勿憚改」；只要我們能「聞過則喜」，就會改過必成，誠信然也！

《人間福報》二〇〇〇年九月四日

化敵為友

吾人在社會上，有朋友，也有敵人。敵人不一定是戰場上兩軍對陣，殺得你死我活，才叫敵人；商場有商場的敵人，同行有同行的冤家，利益有利益裡的對手，正是所謂「同行相嫉，文人相輕」。

敵人，不是以消滅它爲最高手段。在戰場上，最高的戰術是「不戰而屈人

之兵」，是為上策；甚至對於兇狠頑強的敵人，能用感化，只要對方認錯，也就不必再置他於死地了。

三國時代，張飛「義釋嚴顏」，這種「化敵為友」的事蹟，成為歷史佳話；諸葛亮「七擒孟獲」，一次又一次的釋放他，為的是要「化敵為友」；齊桓公把敵對的管仲待如上賓，故能九合諸侯，一匡天下。

能幹的人，對於敵人不但不消滅他，反而培養他，成為激勵自己上進、成長的對手。英國保守黨執政，最怕工黨失去在野黨制衡的功能；工黨執政，也是最掛念保守黨沒落，因此各自無不百般的培養對方，成為競爭的對手。培根說：「沒有情人，會很寂寞；沒有敵人，也是寂寞的。」此言誠不虛也。

人所以會成為敵人，有多種的原因：有的是家仇國恨；有的是利益

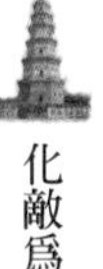

衝突；有的是思想理念不同；有的是因故氣憤不平。甚至朋友之間，有時誤會也會反目成仇；或是對方傷了自己的尊嚴，或因受他欺侮，也會發誓與之爲敵。

基督教說：「愛你的仇敵」；佛教說：「怨親平等」。其實，人生最大的敵人是自己；病痛是自己的敵人，煩惱是自己的敵人。疾病雖是敵人，也要治療它，甚至「與病爲友」；煩惱雖是敵人，也要面對它，更要「轉煩惱爲菩提」。

敵人可以提醒我們要自己謹慎、預防、精進；沒有敵人，就會鬆懈。古代很多武功高強的俠客，都遺憾自己沒有對手。甚至籃球場上，兩隊競技，也必須感謝競賽的對方；如果沒有對方，球賽就不能開打。拳擊賽開始，選手要互相鞠躬致意，勝敗分曉後，還要握手言和。美國總統大選揭曉，當選者第一件事就是要致電感謝落選的一方。所以，敵友只是政見不同，並不一定要你死我活。

過去大陸共產黨最感謝的是台灣，因爲有台灣這個敵人，他們內部才會團結；如果沒有外患，內部鬥爭，更是可怕。現在台灣也以大陸爲敵；有敵人的存在，就必須自己振作、進步，否則就會被淘汰。

外交上有一句話說：「國際間沒有永久的朋友，也沒有永久的敵人。」人與人之間，有時候朋友可以成爲敵人，有時候敵人也會成爲朋友，就看我們對人的態度、看法如何？

然而，朋友可以是永久的朋友，敵人不要讓他成爲永久的敵人；凡是能「化敵爲友」的人，必是社會上的能者。

《人間福報》二〇〇〇年九月五日

走出陰影

一條黑漆漆的通路，深更半夜行走其間，四周和前後好像都不時的閃現出一股不尋常的氣氛和一些怪異的聲音；這時好不容易見到一線光明，回想那一段陰暗的道路，不禁還在膽顫心驚。

歷經戰場死傷累累的悲慘景象；回憶曾經遭匪徒綁架拷打的情形，都是人生歷程中難以消退的陰影。善良的婦女被色狼強暴，幼小的孩童受壞人過度恐嚇，都是生命中難以揮去的陰影。

颱風過後，山洪暴發，風雨交加，難以揮去深夜風災的陰影；地震山崩地陷，房屋倒塌，家人頃刻之間天人永隔，悲苦慘痛的陰影，難以從心靈中抹去。

要如何才能走出陰影呢？正如前述所說，走夜路的人要趕快遇到一盞明燈，有了光明，才能消除陰影。指引人生的光明是什麼呢？

第一、是信仰的力量：當人生陷入陰影之中，何去何從？茫茫然，覺得失去了方向，這時需要靠信仰的明燈來指引。如果能夠走進佛法僧三寶的信仰領域，就會知道，世界上的一切，其實都有前因後果，一切都是因緣業報的呈現，凡事不可

以鑽牛角尖。因此，即使房屋倒塌了，財產損失了，甚至家人生命犧牲了，只要自己的信心不倒，未來必定就有無限的希望。

第二、是智慧的光明：智慧就是要我們明理；世間本來就是「國土危脆，四大苦空」。能夠知道宇宙森羅萬象，無一不是在「無常」之中，誰無父母？誰無兒女？但無常到來，就如同「夫妻本是同林鳥，大限來時各分飛」，只有用智慧來看破、放下，用智慧來認知無常苦空、明白緣生緣滅；能以智慧的明燈照破陰影，才能勇敢向前。

第三、是觀念的重整：一次的天災人禍，宛如歷經一次的死去活來，忽然感覺人生好像是一場虛幻不實的夢境，是一個破碎不堪的物品。這時必須靠自己鼓起勇氣，把破碎的人生或破碎的家園，再度重建起來。甚至要想：壞的不去，好的不來；無常雖有破壞的一面，但也有成功希望的一刻。如果不能建立這種新觀念，就不會有再起的新生命。

第四、是精神的武裝：要走出陰影，必需要有心理的建設；心理建設必須靠精神的武裝。前面所提的信仰、智慧、觀念，都可以作爲自己的精神武裝；只要武裝精良，何愁不能走出陰影？何愁不能建設全新的人生呢？

總之，世間的陰影容易通過，心中的陰影要靠自己抹拭；只要自己能「時時勤拂拭」，又何懼它「處處惹塵埃」呢？

《人間福報》二〇〇〇年九月六日

去則路開

諺語說：「路是人走出來的！」神話裡的盤古氏可以開天闢地，人怎麼不能開路呢？

台灣名聞遐邇的蘇花公路、中橫公路、南橫公路等，在我國榮民的穿山鑿石下，不是成爲舉世歎服的通暢大道了嗎？

近年來大陸的經濟所以能夠迅速成長，主要由於他們懂得開發交通，大量開拓道路。

交通，如同人體的血管，血管通暢，身體自然健康；道路通暢，經濟自然發展，文明的建樹當然就會一日千里。

國父孫中山先生成功締造民國之後，他無意於擔任民國大總統，他想做一個鐵道部的部長；偉哉孫中山，他懂得中國要達到富強之境，必須從交通著手，除此不爲途也！

大地上的道路，要有人去開闢，甚至有人說：「口邊就是路」。其實有形的道路之外，人應該在心中建設更多的道路。現在社會上很多有辦法的人，都是因爲有「政商之路」；很多的民意代表、傳播媒體，也都希

望建立他們的「言路」，甚至現在最時髦的「網際網路」，更是成爲新世代的新寵兒。

路，有羊腸小徑，有崎嶇難行之路，有坎坷不平之路，有曲曲折折之路，有平坦寬廣的道路；不管陸路、海路、空路，都要有人去開闢。所謂「條條大道通長安」，在人生旅途上，不管什麼艱難險峻的人事，只要有心開路，就不怕不能通行。

每個人的人生都有兩條路，一條是善美的天堂之路；一條是醜惡的地獄之路。開路需要有工具，我們要開發心中的路，依佛經說：人天的道

路有三個條件，一是喜捨，二是持戒，三是禪定；地獄的道路，也有三個原因，一是貪欲，二是瞋恨，三是邪見。我們是要走天堂之路呢？還是要走地獄之路呢？

人際之間有路；歷史留下的，就是歷史的道路；理想，更是一條人生的康莊大道。

人要修橋補路；我們是否想過：自己留下多少方便的路給人行走呢？還是反而斷人的路、擋人的路呢？例如篡改歷史、不承認歷史，甚至斬斷歷史因緣等，那就無異是自毀前途、自絕生路，勢必走上窮途末路；反之，如果我們懂得廣結善緣，培植福德因緣，自然敲門處處有人應，人生還怕沒有光明的前途嗎？

《人間福報》二〇〇〇年九月七日

永不退休

人生在世生活，不管服務公職，或是私人企業，都有退休的制度；因爲人的一生，數十年歲月，每天都在工作中，到了晚年，應該給予休息，所謂「頤養天年」，這是名正言順的事。

現在一些先進的國家，每個人有了職業，都樂於繳稅，爲的是將來退休後可以領取養老金生活。

在中國也是一直都有「積穀防飢」、「養兒防老」的觀念，這也是爲了解決退休後的養老問題。

現在一般國家，有的定六十歲退休，或者六十五歲退休，甚至七十歲退休。所謂「長江後浪推前浪」，人生應該要有交棒、接棒的計劃，即使是在佛教裡所謂的「傳燈」，也都是爲了應付歲月變遷的對策。

一般人對於退休後的人生，有的人會感覺好像忽然失去了一切，面對空蕩的生活，寂寞的人生，百無聊賴，無所事事；這樣的退休，好像等死一樣，人生失去了價值，生命好像沒有了光輝，所以就有人喊出「退而不休」的口號。

其實，「天行健，君子以自強不息。」在大自然之中，四季輪流遞嬗，行星運轉不息，吾人身爲大自然裡的一份子，也應該要有「做一日和尚，撞一日鐘」的體認；因爲人生的意義在於創造宇宙繼起的生命。因此，人生一日，決不空過，信有然也！

「朝露雖易逝，但它潤澤了大地；冬陽雖短暫，然而能銷融冰霜。」

古聖先賢行願精進，不肯輕易虛擲光陰，往往堅持到最後一剎那，例如道安大師在大座說法中立化，慧遠大師在聲聲佛號中西歸，玄奘大師在振筆譯經時圓寂，佛印禪師在接引信徒時坐滅；做人，要有「永不退休」的觀念，因為生命的春天欣欣向榮，無有止盡，那有什麼要退休的呢？

因此，所謂退休，只是調換一個崗位工作而已。你看！少年讀書，青年創業，老人傳承經驗，吾人退而不休，也一樣可以發揮生命的光和熱。

中國的孔子、西方的耶穌、印度的釋迦牟尼佛，他們到今天都有二千年以上的生命歷史，在人們的心中，他們至今都還沒有退休呢？

所謂「春蠶到死絲方盡，蠟炬成灰淚始乾」，我們要歌頌偉大的人生，人生是永遠不退休的啊！

《人間福報》二〇〇〇年九月八日

克服恐懼

恐懼心理，人皆有之。當金錢物質受到損失的時候，就會心生恐懼；如果身體受到傷害，甚至生命面臨危險的時候，更是恐懼。「落水要命，上岸要錢」，只是恐懼心理的輕重而已。

有的人害怕虎狼獅豹，有的人恐懼妖魔鬼怪；有的人害怕個人獨處，有的人恐懼四周黑暗。總之，人生在世，不時的會感受到恐懼的威脅。

兒童恐懼父母打罵，女性害怕男性移情別戀；經商的人擔心血本無歸，從政的人畏懼輿論制裁。學生畏懼考試，軍人畏懼戰爭；也有的人

畏懼交通事故，有的人畏懼搶匪暴徒。甚至有的人上畏天理，下懼人情，以及因果業報，更是應該要畏懼呀！

所謂「天災人禍，人人畏懼！」颱風、刀兵、水火、地震，甚至一道閃電、一陣雷聲，天災人人畏懼；所謂人禍，毀謗、造謠、是非、破壞，誰人不懼？

有人說，天最可怕，其實地上比天更可怕；有人說，鬼最可怕，其實人比鬼更可怕。

有的人擔心生活的艱難，也有的人掛念老病的衰殘；兒童有兒童的恐懼，老人有老人的不安。平時在外權勢顯赫的政客，回到家裡也害怕「獅子一吼」；平日表現神氣活現的英雄，無常來時也是「只怕病來磨」！

人有懼怕的心理也不是完全不好，畏天理、懼因果，才不會爲非作歹；時時深怕愧對於人，處處唯恐俯怍於心，如此就能光明磊落的做人。

《般若心經》告訴我們：要遠離恐怖，必須強化智慧；對一切虛幻的假象，要能透徹認識，對一切外來的逆境，要有勇氣擔當。

《普門品》也說，對於性情怯懦的眾生，不妨多稱念觀世音菩薩的名號，因爲觀世音菩薩又名「施無畏」。因此，只要我們稱念菩薩的名號，接受菩薩布施的「無畏」，則人生又何來恐懼之有呢？

《人間福報》二〇〇〇年九月九日

人生是過客

有人說，人是宇宙的主宰；但也有人認爲，人是宇宙的過客。

法院裡的法官出庭審案，稱爲「過堂」；佛教中的僧侶到齋堂用餐，也叫「過堂」。所謂「過堂」，就是不能久居，不能久留，只是一時的過堂而已。就如人到世界上來，從生到死，數十年歲月寒暑，也只是經過而已；通過了生老病死的過程，空空而來，又空空而去，所以說人是宇宙的過客，一點也不錯！

宇宙是人生的逆旅，人生是宇宙的過客；在過客的人生裡，有的人爲宇宙留下很多的紀錄，例如忠臣孝子、英雄游俠、奸刁惡棍、混世魔王等。他們有的爲宇宙留下彩色，有的爲人間留下惡名；有的把世界彩繪成天堂，有的把社會渲染成地獄。

從歷史上看，歷代的帝王重臣、學者專家、貪官污吏、江洋盜匪等，他們的所作所爲，其實已經明顯的展現出他們作品的優劣了。

人生因爲只是世間的過客，當然有人想留下歷史：有的人留下人間的情義，有的人留下人間的光輝；但也有的人無聲無息的來，也無聲無息的去，來也不知爲什麼而來？去也不知爲什麼而去？就如大飯店裡，每天都有人來人往，難道他們一定都有目標嗎？

然而，雖然人生只是宇宙的過客，但是只要能掌握時間的人，就能擁有人生；會善用時間的人，就能懂得處理生命。

遺憾的是，同樣是過客的人生，有的人懂得珍惜生命，因此感歎人生苦短；有的人任意揮霍生命，因此埋怨人生苦長。其實，若能眞正認識生命，必能了悟人生苦多；唯有自我主宰生命，才能不懼人生苦空。

對於過客的人生，有的人活得很認眞，有的人活得很隨緣，例如無門禪師說：「春有百花秋有月，夏有涼風冬有雪；若無閒事掛心頭，便是人間好時節。」不管你春去秋來，不管你生老病死，總之，過客的人生，匆匆的來，也匆匆的去；在匆匆的生命中，吾人應該自問的是：我們能爲人間留下一些超越匆匆的紀念嗎？

《人間福報》二〇〇〇年九月十日

無情說法

大地山河的森羅萬象，可以把它分爲兩類：一是有情類；二是無情類。「有情」是指有生命的人、禽獸、動物等；「無情」是指山河大地和有生機的樹木花草等。

有情說法，我們都聽得懂他的聲音；無情說法，其實更是美妙好聽。「生公說法，頑石點頭」，這不一定要把它看成是「生公說法」，也可以說它是「頑石在說法」；頑石如果不會說法，怎麼會點頭呢？

天空的白雲飄飄，江海的河水滔滔；這不是白雲在以它的舒卷自如、流水在以它的隨緣任性，對我們訴說它們的逍遙自在嗎？

你看！春去秋來，歲月如梭；花開花謝，時光荏苒，這不也是大自然透過時序的更迭，在向我們訴說「世事無常」的眞理嗎？

有情說法可以用耳朵來聽；無情說法必須用心去領會。其實在我們的生活裡，無情萬物無一不是在跟我們說法：春花秋月固然讓人賞心悅目；鳥叫蟲鳴一樣令人感動於心。趙州「茶」，是趙州禪師用「茶」在說法；雲門「餅」，是雲門禪師用「餅」在說法。晨鐘暮鼓、鐺鉿魚磬，那一樣不是在對我們啓示、說法呢？

地動山搖，這是大地在跟我們說法，告訴我們「國土危脆」；百花萎謝，這是自然在對我們說法，表示「諸法無常」。槍砲刀劍，這是表示「生命苦空」；老病殘疾，這是說明「身爲苦本」。我們的周遭，我們的每日生活裡，衣食住行、行住坐臥、成住壞空、生住異滅，那一樣不是

無情的世界在對我們現身說法呢？

禪師豎起了拂塵說：「你懂嗎？」如果你懂得拂塵豎起來的意義，那就是開悟了！禪師指著庭外的柏樹子說：「你會麼？」如果你會得的話，當下就是一位禪者了！可惜，空谷迴聲、天籟和鳴，不容易懂得呀！

「餓來吃飯，睏來眠！」這就是生活的說法：「布施無相，度生無我」，這更是上乘的說法。假如吾人除了「聽」懂有情的說法之外，還能「會」得無情的說法，那就大事都解決了！聰明的人兒，你還能不「去迷開悟」嗎？

《人間福報》二〇〇〇年九月十一日

月亮的啟示

有一個小偷，想潛入一戶富有人家的家中行竊，帶著自己的小兒子見習。偷兒對兒子說：「你在門外幫我把風，看到有人來了，就通知我。」偷兒於是大顯身手，正當他準備下手的時候，兒子忽然在門外大叫：「爸爸，有人看到我們了！」偷兒一聽，帶著兒子落荒而逃。奔跑了很遠的一段路，停下來喘息，問兒子道：「剛才誰在看我們呀？」兒子說：「爸爸，是月亮在看我們！」

這則笑話旨在說明，沒有人知道我們做壞事，難道天不知、地不知嗎？難道因果和諸佛菩薩不知道嗎？所謂君子「十目所視，十手所指」，誠信然也！

月亮，自古以來就爲善人、好人、情人、詩人所喜愛。一輪明月掛高空，引來多少文人雅士對月吟唱，所謂「月明星稀，人生幾何？」在人生苦短的感歎中，似乎也隱藏著幾許壯志未酬的愁緒悲懷！正如古來多少的民眾，往往有冤無處申，有苦無處訴，只有舉頭問明月，不禁黯然！

其實，月亮象徵著光明、圓滿。一些熱戀中的情侶們，兩情相悅，對月盟誓，希望月下老人做爲彼此的見證；然而世事無常，月下老人又何能做主呢？

諺云：「月兒彎彎照九州，幾家歡樂幾家愁？」月亮有陰晴圓缺的時候，人生也有悲歡離合的際遇；從月圓月缺中，道盡了世事的滄桑，人生的無奈！

詩曰：「古人不見今時月，今月曾經照古人。」月亮亙古如斯，古人照過的月亮，現在依然無私的照亮了我們，只是古月猶在，時人已逝！現在我們所見到的月亮，將來仍會繼續輝耀來者，但是將來的月亮，又何能照耀我們呢？時序的輪替，人事的無常，難怪詩人要寄月感懷了！

或謂：「月到中秋分外明，人生能度幾中秋？」月亮缺了，又有再圓的時候；月亮暗了，又有再明的時候。可是，我們的人生去了，什麼時候再來呢？

古德說：「月圓月缺猶存月，本來無暗復何明？」月亮在我們看來，雖有月圓月缺，月明月暗，其實這是星球運轉，以及月亮受到烏雲障蔽使然，對月亮本身而言，並無圓缺明暗，它自始至終，都是明亮如故。

因此，吾人若能心如日月，儘管月圓月缺，月明月暗，但是月亮常在，這是無庸置疑的事實！只要吾人心中有日月，所謂「太陽掛高空，明月照心靈；我心有日月，何懼無光明？」

《人間福報》二〇〇〇年九月十二日

同床異夢

「同床異夢」，這是形容一對夫妻各懷鬼胎、各有想法，形體雖然在一起，但精神上早已經各自離異了。

其實，「同床異夢」的意義，也不只是指夫妻的「貌合神離」；舉凡一個團體裡，同在一個屋簷下的人，各自有不同的想法，各自內心裡暗潮洶湧，這不都是「同床異夢」嗎？

商場上的合夥人，機關裡的各科室同事，家庭中的老中青眷屬，你認為我待你不公，他認為我做事不當，許多分崩離異的人情，就是「同床異夢」。意思是說，你防備我，我防備你；你算計我，我算計你，此即「同床異夢」之謂也。

古往今來，「同床異夢」的夫妻、人事，比比皆是。即以清末的慈禧太后來講，他和咸豐皇帝的婚姻，不就是「同床異夢」？光緒皇帝和他奉命成婚的皇后葉赫那拉氏，他們不也是「同床異夢」？國共和談時期，國民黨和共產黨不是「同床異夢」嗎？蔣介石、汪精衛、胡漢民，都是國之大老，他們不也都是「同床異夢」嗎？由於大家互相猜疑，各有主張，國家焉有不亂之理？

「同床異夢」是因爲理念不同、思想不一，各有各的打算，各有各的計謀。一個家庭不和，都會被人所欺；一個機關的主管、一個國家的重臣，彼此都在「同床異夢」，不失敗者幾希！

目前台灣的陳水扁總統和副總統呂秀蓮，他們的唱合之間，好像都是「同床異夢」的變調；國民黨、新黨、親民黨，他們連「同床異夢」的條件都不夠。所謂「本是同根生，相煎何太急！」現在全國上下，政府、社團、家庭之間，如果想要消除「同床異夢」，必須吾人能夠做到：

第一，要能彼此開誠布公，講清楚，說明白。

第二，要能識得大體，同舟共濟，彼此尊重包容。

第三，要能「同中存異，異中求同」，互相尊重異己的存在。

所謂「相聚即是有緣」；人，既然已在人間同爲「同體人生」，何必還要再做不同的春秋大夢呢？爲什麼不能同心同德，共同來創造幸福的人生呢？若能如此，豈不美哉！

《人間福報》二〇〇〇年九月十三日

萬能的人類

人是萬物之靈，也是萬能的動物。例如：雙手萬能，雙腳走遍天下；眼睛能觀四面，耳朵能聽八方；頭腦和心靈更是萬能，上天下地，匪夷所思。所以，基本上說來，倒不一定要認爲上帝是萬能；人，才是萬能的！

當然！人是萬能的，但也有的人是無能的！例如說到讀書人，有人說「百無一用是書生」；做皇帝的，也有人說他「庸懦無能」；更有人長年時運不濟，因而慨歎自己「一事無成」。

有的人不能爲國家盡國民的責任；有的人不能爲社會盡服務的責任；有的人不能爲家庭盡孝養的責任；有的人不能爲朋友盡提攜的責

任；有的人肩不能挑擔，手不能提籃，因其無能，也給人萬分惋惜！

其實，只要是人，都是萬能的！

有一個笑話說：有一個酒鬼，深夜經過一處墳場，不小心掉進一個隔天即將葬人的坑洞。任憑酒鬼怎麼使力，就是爬不上去，只好蹲坐一旁，等待天明。這時來了另一個酒鬼，一腳踩空，也掉了下來，他也是使盡本領，想要爬出洞穴，無奈卻是一次又一次的失敗。前面的酒鬼看了不忍心，隨口說道：「老兄呀！上不去的，別再白費力氣了！」沒想到這冷不防的聲音，不但把後面的酒鬼嚇得醉意全消，而且就靠著這一嚇，果然爬出了洞。

這個笑話主要是說明，人都有無限的潛能，就看你懂不懂得去開發它；就看你願不願意做個萬能的人。

你看！一個有用的人，能早能晚、能冷能熱、能飽能餓、能大能小、能前能後、能多能少、能有能無、能貧能富、能榮能辱、能忙能閒；有用的人，都是無所不能，所以人應該自信自己是萬能的人類。甚至，與其說上帝能創造人類；不如說萬能的人類可以創造上帝。

世間上，凡是能幹的人，遇事都能夠「四兩撥千斤」，大事化小事，小事變無事。凡是能幹的人，做事都能「化繁就簡」、都能「化私為公」；甚至「化腐朽爲神奇」，能夠變不能爲可能，能夠發明很多的科技文明，能夠創造思想學說，能夠成功立業，能夠救世救人等。

所謂「人定勝天」，因爲人有無限的能量，所以吾人要好自珍惜，因爲我們是萬能的人類啊！

《人間福報》二〇〇〇年九月十四日

心靈的門窗

心靈的門窗，有時候要關閉，有時候要開放；有形的門窗，也是有時候要關閉，有時候要開放。當宵小壞人在門外徘徊，當空氣污穢不淨時，你要把門窗緊緊的關閉；當你要去上班，或者要外出購物，或是朋友來訪時，如果公司、商店、家中的門窗不打開，則社會和家庭怎麼能通達無礙呢？

有的人不會守護根門，任由外境吵雜的聲音，不斷的從門窗縫隙裡傳進來，例如不當的人言、不當的是非，它們像細菌一樣的「登堂入室」，威脅到全家生活的安寧；又如風沙穢氣不斷的從門窗外飄進屋內，就會污染空氣，造成居家生活的品質不良，可見得一個人家門窗的開關是多麼的重要啊！

我們家中的門窗，當不該關閉的時候也不能關閉，例如家中有了喜事，就應該打開門窗，通報親友；當家中要舉行聚會活動，更應該打開門窗，歡迎親友光臨。尤其，「五福臨門」時，你能不打開門窗嗎？

門窗是家庭對外的通道，心靈的門窗則是自心和宇宙交會的要點。即使有形的門窗緊閉，主人的心靈門窗也一樣可以周遊世界，但人對隱形的門窗，總不若打開有形的門窗，可以堂堂正正的出去，可以堂堂正正的進來。

平時雖然我們應該緊閉門窗，照顧門裡的安全；但更應該注意到門窗的功用。門窗應該關閉的時候緊緊關閉，那就是自我的天堂，就是全家老少的樂園；因爲門房之外有風雨，有盜賊，有了門窗，就不怕有危險，就不怕有風雨。遺憾的是，有的人將心靈的門窗緊閉，任何好人好事都無法進來；人不能進來倒也罷了，「道」也不能進來，「理」也不能進來，甚至於正義、友誼，都沒有辦法進來。這樣的門窗，就成了心靈的障礙，而不是通道了。

所以，我們應該打開心靈的門窗，讓「戒定慧」該進來的進來；讓「貪瞋癡」該出去的出去，如此，豈不得其所哉！

《人間福報》二〇〇〇年九月十五日

婆媳與母女

在一個家庭中，母女之間的問題比較少，婆媳之間的問題比較多。

有一個趣談：端午節到了，婆婆叫媳婦包粽子。現代媳婦不會包粽子，但是婆婆的話不能不聽。從清晨包到下午，好不容易包好了。當在煮粽子的時候，聽到婆婆打電話給他出嫁的女兒，叫女兒趕快回來吃粽子。媳婦聽了非常生氣，心裡不住的嘀咕：我忙得汗流浹背，你都沒有關心我的辛苦，現在粽子快煮好了，你卻叫你的女兒回來吃粽子。因爲心裡不平，越想越氣，把圍裙一甩，換件衣服就想跑回娘家。正要出門的時候，電話鈴響了，原來是娘家的媽媽打電話來說：「女兒呀！媽媽今天叫你嫂嫂包了粽子，你趕快回來吃粽子喔！」這時媳婦聽了一愣，才感覺到，原來天下的母女都是一樣的！

家庭中，母女有母女的感情，婆媳有婆媳的關係，你能認清母女與婆媳之間的微妙情誼，一切當就釋然了！

母女的關係，是相互身上的一塊肉；媳婦終究是從別姓的人家娶過來的，何況把自己最親愛的兒子完全被她占有，婆媳的關係就已埋下了陷阱、危機。因此，母女也好，婆媳也好，總要把這種相互關係透徹的認清，彼此才好相處。

世間上，也有母女關係不和諧的，也有婆媳彼此親愛勝於母女的。但是，人與人之間的相處之道，一個碗不會有聲音，兩個碗才會叮噹響。前體育委員會主任委員趙麗雲博士，有一次談到她和婆婆的相處時，道出了一個秘密：婆媳在一個家庭中生活，要彼此跳探戈。

其實，人我相處，不只是婆媳的關係要跳探戈；母女也要跳探戈，夫妻也要跳探戈，朋友也要跳探戈。世界上任何的人際關係都要學會跳探戈：你進我退，我進你退；如果兩個人的腳步同時前進，就會互相踩到對方，如果兩個人同時後退，這一支舞也就跳不下去了。所以，人我之間的這一支探戈舞曲，如何才能跳得步伐和諧、舞姿曼妙呢？那就要看彼此之間的默契與藝術了！

《人間福報》二〇〇〇年九月十六日

得獎

當「得獎」的掌聲響起，得獎者的辛苦、用力、奮鬥，都有了代價；所謂「十年寒窗無人問，一舉成名天下知」，辛勤耕耘之後，收成是必然的結果，也是最甜美的時刻。

得獎代表的是肯定與榮耀。近日社會，舉世聞名的諾貝爾獎、麥克阿瑟獎、麥格塞塞獎、奧斯卡金像獎，甚至代表新聞界最高榮譽的普利茲獎等，每年的得獎名單揭曉，都是大家所最關心、矚目的盛事。

目前在台灣，獎勵教師春風化雨的有「師鐸獎」；鼓勵兒女孝順父母的有「大孝獎」；表揚社會各界特殊成就的有傑出青年、模範母親、模範父親、模範農民、模範勞工、模範軍人等獎。演藝界也有金馬獎、金鐘獎、金曲獎；甚至有藝術獎、音樂獎、優良圖書獎、優良食品獎等，獎類之多，可見我們的社會，各行各業都在蓬勃的發展。

頒獎鼓勵，自古有之。古代的帝王賜匾、賞賜物品、加官，這都是得獎。現代的獎品則有獎金、獎杯、獎牌、獎章、獎狀等；即使一紙獎狀，裡面所包含的，是得獎者無數的心血與成就。

然而，得獎也不一定是公平的。在同一個領域裡，得獎人之外，可能還有更多優秀、偉大，更有成就的人才，只是我們沒有去發掘他們；甚至在同時被提名的競賽者當中，也可能因爲評審的鑑賞標準不一，因而有了不同的取捨。所以，一場競賽之後，我們固然要爲得獎者歡喜喝采，也應該給落選者掌聲鼓舞，希望他們再接再勵。甚至對於沒有被提名的優秀人才，更應該寄予關懷，尤應用心發掘，以期不要有「遺珠之憾」。

目前台灣每年都有「好人好事」的表揚，政府常常鼓勵民眾要提報。其結果是，有的人條件不足，卻千方百計的想辦法爭取提名；有的人條件優越，但是他爲了保有自尊，總是隱身塵俗，不慕浮名。因此，我們要想到，得獎人之外，社會上其實還有許多更好、更崇高、更偉大的人，他們散布在社會的各個角落裡，默默的奉獻。他們不求聞達，不圖掌聲，這些人其實才是更應該得到大眾的獎勵。

所謂「有人漏夜趕考上京城，有人夜半辭官歸故里」，這就是世間的眾生相。然而不管如何，吾人應該認識的是，得獎自有得獎的因緣，即使不得獎也不要洩氣；只要我們努力培養因緣，一旦因緣際會，合乎得獎的條件，又何愁不能得獎呢？

《人間福報》二〇〇〇年九月十七日

停聽看

走到火車平交道的地方，總有一塊明顯的標誌，上面寫著「停聽看」，讓每一個人能夠注意安全，不要急著冒險通過平交道。

人生本來就如平交道，任何時刻都要「停聽看」。

每個人在學習的過程中，從小學、中學到大學，每學期都有暑假、寒假，平時還有週六、週日、例假日等，總給你有一個時

間，讓你「停一停」、「等一等」、「想一想」，你的下一個目標到底是要考哪一個學校？哪一個科系？

如果是在一個機關裡服務，不管調職、升級、轉業等，都會給你有打包的時間、準備的時間、處理的時間；讓你停一停、讓你等一等、讓你看一看、讓你聽一聽。因爲，人生的旅途上，每一步的前途都好像是平交道，如果任意向前一步，都會充滿了危險。所以，你必需要停一停，待機而發；你必需要聽一聽，有什麼不同的聲音；你必需要看一看，前面是紅燈，還是綠燈，如此才能確保安全。

人情的往來，需要想一想；事業的發展，也要看一看；即使是身體的健康，更要經常提醒自己提高警覺。

停，就是等。兒女，你要等他長大；事業，你要等它發展。等機會，等因緣；一切都要待機而發，待緣而成，不可莽撞。因爲停、等不是不走，只是要等到安全的時候才可以向前。

聽，就是對於好壞、善惡的判斷，你要聽一聽；你不聽，怎麼知道與你有關的聲音是好是壞呢？

看，就是注意焦點；如果目標不清，層次不明，沒有眼睛的世界是一個怎麼樣的情形，可想而知！

人的生活，要午休，要晚睡；機器也要停下來給它保養。「停」之外，還要「聽」：聽鐘聲起床，聽報告裁決；聲音從前後左右而來，你要兼聽，才能明白。

停，才有預備再出發的力量。

聽，才知道世間人情的反應。

看，才清楚前途的何去何從。

平交道因爲有一列巨大的火車，從半途忽然而過；這使吾人聯想到，人生的平交道，也有很多不可抗拒的力量從旁而來，你能不「停、聽、看」嗎？「識時務者爲俊傑」，你不能與不可抗拒的力量去對抗，所以「退讓一步，才能保得百年身」。

《人間福報》二〇〇〇年九月十八日

萬事如意

你生活得「如意」嗎？人生在世，如果你有名有位、有財有勢、有愛有錢、有田有地，但是你生活得不如意，又有什麼意義呢？

所以，世界上最有價值的東西，就是「如意」。中華如意協會理事長陸炳文先生，將協會會員共有的一百多件「如意」，在澳洲南天寺寶藏館展出。正當二千年奧林匹克運動大會也在雪梨展開，一個是在較勁體力，一個是展示內心的「如意」，因此此展能在此時於澳洲適逢其會，意義非凡。

「如意」起始於何時，雖無文獻可考，但是中國自古以來，歷朝歷代

就不斷有各種「如意」的產物出現。直到清朝康熙年代之後，皇室以「如意」爲帝王公主定情賀喜之物，因此各式各樣的「如意」，便在順應風情之下，出現於世。

在佛教裡，也是非常重視「如意」，舉凡任何重大的法會，或是登壇受戒，或是各種說法開示，戒師大德均手執「如意」，以示莊嚴。

從造型推想，「如意」最早應該是用來抓癢的。現在市面上到處可見抓癢用的小棒子，叫做「不求人」；人能夠到了「不求人」的地步，大概就很「如意」了。如果凡事都要「求人」，凡事都要「靠人」，凡事都要別人幫助，那大概就很難「如意」了。所以出家人披搭的袈裟，左肩上有一個扣環，叫「如意鉤」，可以不用鈕扣，也不必別人幫忙，而能輕易的把袈裟勾住，所以非常方便如意。

此外，老人的枴杖叫「如意杖」；「如意」在手，有安全、護身的意義，並且還能當指揮棒之用，所以又叫「如意棒」。

「如意」可以送禮。一般送東西給人，大都會計較是大是小；只有送「如意」，不計大小。

「如意」的雕工一般都是非常的精緻，各種花紋，各種式樣，眞是多采多姿，當然能獲得大家的喜愛。尤其，「如意」現在已經不是專屬於宗教的聖物、皇室的寶貝，現在已經非常大眾化了。甚至現在巡迴在世界各地展出，所以已經不只是「萬事如意」，可以說是「國

際如意」了。

所謂「如意」，是代表「吉祥」，代表「順心」，所以中國的好話都是祝福人「吉祥如意」、「順心如意」；甚至祝福人「福祿壽喜」、「四事如意」，能得「如意」，那麼人生將是多麼的美滿呢！

「如意」，人人欲求！不過，「欲得人如我意，必先我如人意」。因爲，世界不是我一個人的世界，我稱心如意了，別人都不如意，情何以堪！所以，家庭的人事相處，社會的人事往來，大家都能如意，這才是名符其實的「萬事如意」了！

《人間福報》二〇〇〇年九月十九日

瞌睡種種

眼睛以「睡眠」爲飲食；適當的睡眠是爲了走更遠的路，但是過度的睡眠，則是浪費生命。

打瞌睡的經驗，人人有之。打瞌睡必然是因爲睡眠不足，體力不繼。學生讀書會打瞌睡，開會的人也會打瞌睡；上班的時候會伏案打瞌睡，駕駛車輛的人處在千鈞一髮之際，也會打瞌睡。難怪陳水扁總統在出國訪問期間，旅途辛苦，他在高談國家大事時，也都在打瞌睡。瞌睡來時，實在無法抗拒也！

有的人會打瞌睡，有的人不會打瞌睡。會打瞌睡的人，讓你不知道他在打瞌睡；不會打瞌睡的人，睡相百態，煞是有趣。例如：有的人以手支頤，類似美人托腮；有的人頭向後仰，如仰天長嘯；有的人頻頻點頭，如小雞啄米；有的人左右晃動，如學子讀書。甚至，不會打瞌睡的人，鼾聲如雷，擾亂眾人，這就是不懂得打瞌睡了。

儒門的孔子不喜歡人打瞌睡，例如弟子宰我在上課的時候竟然打起瞌睡來，並且發出有節奏的鼾聲，孔子當眾不客氣的責備說：「朽木不可雕也，糞

土之牆不可圬也。」

佛陀也不歡喜弟子打瞌睡，阿那律曾經爲了打瞌睡，被佛陀批評說：「咄咄汝好睡，螺螄蚌殼類，一睡一千年，不聞佛名字。」甚至有一次在一場法會中，年老的比丘因爲疲倦打瞌睡，而年輕坐在後座的沙彌反而正襟危坐，威儀端莊。佛陀就有感而發的問道：「何謂長老？」佛陀告訴大家，所謂長老者，非關年齡；有的人出家三十年，都在睡眠中過去，不如出家三年，都在修行辦道，這才叫做長老。

現代的人，生活忙碌，疲勞過度，容易打瞌睡。爲了不在公眾面前現出打瞌睡的毛病，當瞌睡蟲來的時候，有的人塗抹綠油精、萬金油，有的人用鉛筆撐住桌面，有的人用牙齒咬破舌頭，有的人用手指掐住自己的大腿，更有的人乾脆站起來。此皆說明，瞌睡難以對付也。

有的人打瞌睡，例如陳總統日理萬機，實在是體力疲倦，情有可原；但也有一些人，只要集會，他就打瞌睡，只要讀書，他就打瞌睡，不但現出懶惰之相，也是一種病態。

佛教教人過修行的生活，要合乎中道，不可過度。例如彈琴，琴弦太緊，容易斷；琴弦太鬆，彈不出聲音。所以，凡是工作忙碌的人，及好打瞌睡的人，在忙睡、勞逸之間如何遊走，就看各自用心了。

《人間福報》二〇〇〇年九月二十日

云何應住

無殼蝸牛，沒有房子安住，成群結隊地向政府抗爭，要求安住的房屋。不勝任的職員，被老闆掃地出門，爲不知今後安住何處而著急。流浪街頭的窮漢，每日被警察驅趕；還有那有家歸不得的親人，更是苦不堪言。

人的生活，起碼的要求，要有東西吃，要有地方住。有的人把自己的身心安住在花園洋房、高樓大廈裡；但是萬一房子倒了，怎麼辦？萬一房子失火了，怎麼辦？有的人把時間安住在聲音裡，聽廣播，聽音樂，聽人講話，聽鳥叫蟲鳴；但是聲音過去了，如何消遣時間呢？

《金剛經》叫人不可住於色、聲、香、味、觸、法等六塵的境界上。那麼吾人的身心究竟「云何應住」呢？

有人天天要錢，但金錢不可以永久安住，金錢是五家所共有，如流水一般，流來流去；金錢只有給人患得患失，不能給人安住。

安住在愛情裡嗎？愛情的風雲變幻，經不起人事時空的情愛糾葛，你看，社會上離婚、遺棄、婚外情的案件，不是層出不窮嗎？

安住在事業上吧！天天東奔西跑，甚至吃飯都不回家，妻離子散。有人把身心安住在讀書上，讀書很好，但也有人成爲書呆子，這就不好了。安住在信仰上，但是萬一信錯了，迷信、邪信，那就更爲糟糕了。

以上都是一般人認爲正當的安住，但都不完全適當，更何況是非法的安住呢？

非法的安住，有人把身心安住在吃喝玩樂的上面，到最後一事無成；有人把身心安住在聲色犬馬之中，到最後一無所有。有人寄情於山水，山水是大自然界的，不是我們所私有；安住在功名富貴上，然而「榮華總是三更夢，富貴還同九月霜」，這些都非久戀之所，更非久居之處。

我們究竟「云何應住」呢？《華嚴經》說：「常樂柔和忍辱法，安住慈悲喜捨中。」我們要求身心的安住，如果你喜歡柔和忍辱，你擁有慈悲喜捨，那你就找到身心的安住處了，這才是吾人永遠的故鄉！

《人間福報》二〇〇〇年九月二十一日

屈伸自如

某位居士的夫人慳吝不捨，對於社會的任何善舉，從不響應，丈夫請默仙禪師給予開導。禪師至其家中，見到女主人，即刻伸開手掌，問曰：「我的手，經常如此，不能收縮，如何？」夫人曰：「這是畸形！」禪師又再把手合起來，問道：「如果每天只是緊握而伸不開，如何？」夫人曰：「這也是畸形！」禪師說：「自己不愛惜東西，全部給人，這是畸形；自己對金錢緊握不放，一文不捨，這也是畸形！」

禪師說後，即刻告辭而去。某居士的夫人這才知道，自己平時不肯為世間樂善好施，原來是一個畸形的人生。

世間上確實有不少的人樂於助人，自己不接受別人的善意，這雖不是沽名釣譽，但也是不正常的畸形；一個人如果只想接受別人的賞賜，自己不肯回饋社會大眾，所謂一毛不拔、一錢不捨，這也是畸形。

佛教講「結緣」，人給我，我給人，都是同等的重要。所謂「財法二施，等無差別。」如果我們接受別人的，自當滴水之恩，湧泉以報；如果我們布施給人，也要感謝對方給我有個與你結緣的機會。能夠有來有去，有去有來；收受同等，屈伸自如，這才是應有的行爲。

語云：「大丈夫能屈能伸」；眞正懂得財物的人，能給能捨，能捨能受。就如一個人，四肢屈伸自如，才會舒服；睡覺的時候，能夠左右翻身，才能安眠入睡。如果只能屈不能伸，或是只能伸，不能屈，當然就是畸形。所以對於財物要能「捨得」；能捨才能得，有得也要能捨。

我們個人的財富本來就是取之於社會，當然也要用之於社會；能夠懂得將個人之財，化為大眾團體所共享，這才是富有的人生。

「屈伸自如」不僅是物用之道、養生之道，也是人際往來之道。人生的前途，當遇到困難挫折時，你要懂得轉彎、變通，所謂「窮則變，變則通」。當汽車駛進了死巷，你怎能不轉彎呢？當在人前應該表示自尊的時候，你要抬頭挺胸，以示正直；當應該對人謙虛時，你也要低頭屈身，以表示尊敬。如果只知道昂首闊步，不會曲躬彎身，不會受人歡迎；如果只知一昧的卑躬屈膝，不能自持自重，也會被人輕視。所以，一個人當直、當屈，當進、當退，能夠屈伸自如，這才是最好的處世之道。

《人間福報》二〇〇〇年九月二十二日

習氣與習慣

每個人都有習氣，每個人也都有習慣。習氣多數是不好不壞，例如好吃、好買、好睡、好美，這都是習氣；而習慣則有好有壞。好的習慣，例如整齊、端莊、禮貌、微笑等；壞的習慣，諸如賭博、煙酒、偷竊、懶惰等。

習慣容易變換改正；習氣比較難以去除改好。把壞習慣改成好習慣，只要有決心，例如好賭的人，只要決心不涉足賭場；好煙酒的人，只要決心不碰觸沾染，自能戒除。可是煩惱餘習，不但影響一生，甚至和業力一樣，影響及於來生後世。例如：牛齝尊者雖是羅漢，但平時嘴巴總是不停的動來動去，因為他往昔生中曾經多世為牛馬，反芻慣了，習氣仍在；大

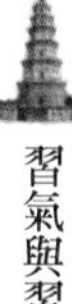

迦葉雖已證果，但一聽到音樂，仍會情不自禁的手之舞之，足之蹈之。甚至即使是等覺的菩薩，因爲一分生相無明未斷，就如十四夜晚尚未圓滿的明月，此皆因爲餘習未斷也。

有一則寓言：一隻毒蠍想要過河，就央請烏龜幫個忙，載牠一程。烏龜怕毒蠍；毒蠍說：「你放心，你背著我，萬一我啄你，你死了，我又豈能獨生？」烏龜聽了覺得有理，於是就好心的背著毒蠍過河。游到河的中央，毒蠍對著烏龜的頭上一螫，烏龜責怪毒蠍背信忘義，毒蠍滿臉歉疚的對烏龜說：「我並不想傷害你，怎奈我已螫人成習，實在眞是對不起啦！」

所謂「煩惱易斷，習氣難改」。我人如何才能去除惡習，養成良好的習慣呢？如果單靠別人幫忙是有限的，這必需要靠自己的努力和決心。如果你懶惰成了習慣，自己不勤勞精進，即使有良師益友，對你又能奈何？

如果你聚斂貪心，不到罪惡昭彰，沒有鋃鐺下獄，你是不會覺悟的。所以，把壞習慣改成良好的習慣，要靠環境的熏習，教育的陶冶，但最主要的還是要靠自己的決心。

例如，身口意都染上不良的習慣，就必須自己痛下針砭；正如生鏽的刀劍，如果不用快石磨利，怎麼會有威力呢？腐朽了的木材，如果不加以補強，怎麼能成爲建材呢？

習慣固然難改，習氣更不容易修正。所謂「江山易改，本性難移」；本性在纏，即稱之爲習氣。雖然說「人之初，性本善」，但是在吾人的本性受了世間習氣的薰染，也需要相當的努力，才能把染污了的習氣去除。正如千年的古鏡染上塵埃，如果沒有時時勤拂拭，又何能具見光明呢？

《人間福報》二○○○年九月二十三日

心無罣礙

經常聽人抱怨說：生活的擔子壓迫得讓人透不過氣來！也經常有人說：心裡的壓力讓我快要受不了了！

「心中的罣礙」的確讓人不得安寧。人的心中究竟有什麼罣礙呢？從小我們就掛念父母不喜歡自己；讀書以後，掛念自己的成績不好；結交朋友，掛念朋友看不起自己；經營生意，掛念能否賺錢？有病時，掛念生死痛苦；老年

時，掛念無人奉養……一生就在「心有罣礙」中，悄悄的過去了。

即使在現實的生活中，也無時不在掛念。早晨就開始掛念一天工作的壓力；到了夜晚，掛念家居的安全；即使連在睡夢中，也掛念遠方的家人是否平安！

早晨外出，掛念是否會遇到交通阻塞；晚上下班，掛念是否會遇上壞人。沒有存款，掛念以後生活艱難；積聚金錢，又怕金融風暴，物價上漲。甚至有人掛念：寵物有沒有人餵食？花草有沒有人澆水？朋友有沒有來過電話？兒女讀書是否成績很好等等。掛念，掛念！難怪有人說，心上的石頭實在壓得人喘不過氣來！

佛法非常同情人有太多的罣礙；吾人每天背著一具死屍，東奔西跑，可以說負荷已經很重了，但心中還有七情六欲的掛念、有人我是非

的負擔等等。人的一生，實在是給一個苦難的罣礙害慘了。

如何才能超脫苦難呢？就是要「心無罣礙」。有的人被名枷利鎖給束縛住了我們的思想；有的人讓愛情得失給束縛住了我們的心靈。有人說，人生苦短；有人說，人生路長。心無罣礙，當然就人生苦短；心有罣礙，當然就人生路長。

所謂「心中有事天地小，心中無事一床寬。」佛法告訴我們，對世間的榮華富貴、妻子兒女等等，你要把它當成是一個皮箱：用的時候，把它提起；不用的時候，你把它放下。當提起的時候你不提起，當放下的時候你不放下，你的人生自然就不會好過了！所以，提得起，放得下，這就是「心無罣礙」的美好生活了！

《人間福報》二〇〇〇年九月二十四日

瞋恨之害

你會生氣嗎？你會發怒嗎？你會罵人打人嗎？你會怨天尤人嗎？如果有，那就是瞋恨！「瞋恨之火，能燒功德之林！」我們很多的功勞、功德、功行，因為瞋恨之火，一下子就把它們燒得精光，實在可惜啊！

當瞋恨心起來的時候，人往往忘記了自己的修養，也不顧自己的風度，什麼義理人情，什麼心平氣和，統統都拋諸腦後了！

瞋恨，與愛相反。所謂「愛之欲其生，惡之欲其死」，平時相愛的夫妻，一旦生氣的時候，拍桌砸碗；桌椅碗盤也沒有得罪他，而他不但拿碗盤出氣，還怪兒女、罵別人，甚至怪世界上的人都不好，好像所有的人都得罪他。所以，當瞋恨心生起的時候，他就沒有了世界，沒有了朋友，沒有了親人，沒有了自己。

人，爲什麼要瞋恨生氣呢？有時因爲不承認自己的過失，不能聽逆耳的忠言，不肯接受一點的損失，不希望別人比他好。你看！天在下雨，他就怪老天不好；忽然刮風了，他也怪氣候無情。你不能和他有不同的意見，你也不能背著他做你自己的事情，那都是瞋恨心的來源。

汽車拋錨了，大罵汽車氣死人；電視上演自己不喜歡的節目，恨不得一腳把它踢爛。咒罵車船誤時，怨怪飯菜不合口味，甚至把看病救命的醫師都告到法院去，對自己愛過的親戚朋友反脣相譏。甚至瞋恨生氣的時候，自己不吃飯，不睡覺；這是和瞋恨過不去呢？還是和自己過不去？汽車要靠蒸氣才能往前開動，飛機要靠電氣才能升空；氣之威力，

大矣哉！

颱風的形成，也是因爲氣壓的關係；原子彈的威力，也是靠氣爆的原理，這些心外的「氣壓」就已經很可怕了，而心内的怒火推動的「生氣」，其摧毀的威力更是可怕喔！

「一念瞋心起，百萬障門開！」

如果吾人想要消滅瞋恨的火焰，必需要用慈悲的法水，假如要沖淡、抵銷瞋恨的氣壓，就必須敞開心中的門窗，否則，只有讓瞋恨之火燒身，只有讓瞋恨之氣壓榨了！

《人間福報》二〇〇〇年九月二十五日

想當然爾

世間的人事，是非好壞，有的是當然的，有的是不當然的。當然的，不必去談它，如果是不當然的，就會排斥，就會怨懟，就會不自在、不安然。順境當然很好，如果逆境是不當然的，也能把它看成是當然的；所謂「逆來順受」，也會有無限的喜悅快樂呀！

自然界裡，和風能令萬物生長，霜雪也能令萬物成熟。在我們人生的過程中，父母管教嚴厲是當然的，因爲他爲了要你將來成才；老師逼著你用功，這也是當然的，因爲他爲了讓你有好的成績。同學之間的競爭，這是當然的，因爲有競爭，才有進步；人情澆薄，這也是當然的，因爲要你發揮有情有義的人生。軍隊嚴苛的訓練，這是當然的，因爲戰場上不能有分毫的出錯；老闆要求加班工作，這也是當然的，因爲增產才能獲利。

兒女向父母要求養育讀書，這是當然的，因爲教養是父母的責任；窮朋友經常向你借貸求助，這也是當然的，因爲他貧窮，需要你助他一臂之力。

凡是把不當然的，都能看作是當然的，就會心平氣和，就能不抱怨。所以春天花開是當然的，夏天炎熱也是當然的，秋天蕭條也是當然的，冬天死寂也是當然的。

別人的富有，因爲他勤勞，這是當然的富有；別人的發達很快，這是他的福德因緣，當然能榮達。隔壁鄰居家中平安和順，這是當然的，因爲他們的教育修養好；某人家的升官發財，這也是當然的，因爲他們的條件和運氣都夠好呀！

想到吃苦，這是當然的，因爲不吃苦中苦，那能成爲人上人？想到困難，這是當然的，因爲不經一番寒徹骨，那有梅花撲鼻香？想到受氣也是當然的，想到給人欺壓也是當然的；當然的裡面，有許多的功德成就呀！

在《迷悟之間》裡說：「在人海沉浮中，受苦受難是當然的，唯有隨喜隨緣，才能找出通路；在娑婆世間裡，給人歡喜是當然的，唯有爲所當爲，才能有所貢獻。」

人生在世，只要你爭氣，把「不當然的」都當成是「當然的」，還有什麼問題不能解決呢？

《人間福報》二〇〇〇年九月廿六日

小丑的角色

在非歷史的電視劇「宰相劉羅鍋」中，有一位令人討厭，卻爲乾隆皇帝所歡喜的和珅大壞蛋，他自嘲説：「忠臣人人尊敬，我不是忠臣；奸臣人人討厭，我也不是奸臣；我只是一個弄臣而已！」

一代名君賢主的乾隆皇帝，喜歡忠臣嗎？他需要忠臣，但他不歡喜忠臣的耿直；他喜歡奸臣嗎？當然他不喜歡奸臣！他喜歡什麼呢？他喜歡弄臣和珅！

弄臣是什麼？弄臣不是忠臣，但也不是奸臣！他爲了討好主子，一切以主子馬首是瞻；他奉承主子，逢迎拍馬。弄臣是小丑的角色，但沒

有小丑那麼可愛。

小丑在戲劇裡，不是一個大角色，但也不是一個小角色。他逗人取笑，給人歡喜；他在大忠大奸之外，不像弄臣，只討一個人歡喜，他為萬千的觀眾增加笑料。

在舞台上演忠臣，要有忠臣的耿直氣勢；演奸臣，要有奸臣的邪惡嘴臉。演小丑不容易，因為舞台上的角色，有「忠肝義膽」，有「有情有義」，有「大奸大惡」，有「老奸巨猾」，各種人等都有他好壞的重量，唯有小丑，他沒有重量。

一般人喜歡看小丑的演出，主要的，就是看小丑的逗趣如何？小丑也有高級的，也有低級的。高級的小丑，詼諧風趣，一言一動都能讓人捧腹；低級的小丑，只有裝腔作勢，損人而已。

人生，也是一個舞台，我們在世間上做不到一個大忠臣；但是寧可做小丑，也不要做奸臣。

你能做一個小丑嗎？請聽一段歌詞：

「掌聲在歡呼之中響起，眼淚已湧在笑容裡；
啓幕時歡樂送到你眼前，落幕時孤獨留給自己。
是多少磨鍊和多少眼淚，才能夠站在這裡；
失敗的痛苦，成功的鼓勵，有誰知道這是多少歲月的累積？
小丑，小丑！把小丑的辛酸，化做喜悅，呈獻給你！」

小丑，是渺小的，但也是偉大的！戲劇裡不能沒有小丑；現實的人生裡，我不偉大，我也不崇高，但我能扮演好一個帶給他人歡樂的小丑！

《人間福報》二〇〇〇年九月二十七日

讚美的藝術

讚美是最好的口德，中國人喜歡戴高帽子，此即從讚美而來。佛教裡，彌勒菩薩和釋迦牟尼佛本乃同時修行，釋迦牟尼佛因爲多修了一些讚美的語言，因此早於彌勒菩薩三十劫成佛。

讚美也要講究得當與否？讚美得當，則是眞實語、如實語；讚美不得當，就是妄語、綺語、盜世欺名之語。例如：聯合國際世界佛教總部有一次在台北召開佛教正邪研討會（首先光說這個名稱就叫人費解），大會主席在開會的第一天即大大讚揚大陸某位人士，第一次說他的佛法造詣超過台灣當代的學者專家，第二次又說是超過歷史上所有的高僧大德，是爲「顯密圓通，五明妙諳」的佛門巨匠。如此貶古褒今，死人當然不會出來抗議，但這種自讚毀他、不夠眞實的讚美，實在不具藝術。

再如現在密教的仁波切，都自稱是活佛、是無上師、是金剛法王；把自己視爲世間唯一、至高無上、無等至尊、大成就者、唯一勝妙等，不夠含蓄的讚美，當然不具藝術。

乃至政治上對領袖的歌頌，例如讚揚毛澤東：你是我們的鋼、你是我們永恆的太陽；讚美蔣中正：你是民族的救星、你是我們永久的領袖。世間上本無永恆的東西，如此過分的讚美，也不具藝術。

讚美要有藝術，要能皆大歡喜，要能實至名歸。故而我們讚美唐太宗，只說他勤政愛民；讚美武則天，只說他善於用人；讚美康熙帝，只說他善於融和種族。乃至對唐代的名相功臣，例如長孫無忌也只說他是一代良相，對魏徵則說他是有風骨的諫臣等等。

近代畫家張大千先生，留了一把很漂亮的鬍子，人稱「美髯公」。由於大家平日只知讚美他的鬍子，反而不提他在藝術上的造詣，爲此他甚感不悅。有一次，一群慕名者又再大加讚美他的鬍子，他終於忍不住說了一個故事：

三國時期，孔明六出岐山，希望找一位主帥。張飛的兒子張苞與關公的兒子關興爭相爲帥。孔明難以決定，便要

他們二人各自稱讚父親的功勞，以爲標準。張苞說：「我父親大喝長阪坡，能斥退曹操的的兵將，能義釋嚴顏；在百萬大軍中取上將首級，更如探囊取物。」關興因爲口吃，一直想說其父關公的事蹟，但又說不出來，只有結結巴巴的說：「我父親的鬍子很長。」這時關公在雲端顯靈，生氣的大罵：「小子，你父親過五關斬六將，誅文醜，斬顏良，一世的英名，你不知道讚美，只說鬍子很長。」

因爲讚美不當，因此就有此笑話。所以，佛教很重視讚美的修行，不但「禮敬諸佛」，還要「稱讚如來」；然而讚美也要得當，否則不免令人有阿諛、逢迎之感，甚至還會如上述所說，徒然遺人笑柄，反爲不美！

《人間福報》二〇〇〇年九月二十八日

三合板哲學

現代的建築材料，用得最多的，大概就是三合板了。你看！一棟房子的隔間、裝潢，從裡到外，一扇門、一個天花板，甚至一張桌子、一條板凳，都是用三合板；三合板已經成爲現代生活中不可或缺的重要建材。

所謂「三合板」，就是在二層木板的中間夾雜一些碎木屑，經機器加壓輾平而成，一般稱爲「三夾板」，這是一種廢料的再利用。

世間上，能幹的人都能「化腐朽爲神奇」，都能給予廢料再製造，例如：一個良將，殘兵敗卒也能訓練成勇士；一個明醫，枯木朽石也能炮製成仙丹；一個名匠，破銅爛鐵也能鍛鍊成精鋼；一個巧婦，剩菜殘羹也能烹煮成佳餚。

木板和木板可以合成再利用，甚至還可以加入各種顏色的染料，使得三合板不但堅固，而且外觀更加鮮麗多彩。

世界上的一切事，靠單一成功是不可能的，必需要結合「二合」、「三合」、「四合」，甚至「多合」的因緣，才能完成功用。

單身的女子不容易生活，所以縱使有人標榜「單身貴族」，但是畢竟爲數不多。現代女子求夫，總是希望對方能有英雄的氣概，有女性的俊美，有哲人的思想，有聖人的品性；甚至外加經濟、學歷、家世背景都要特出，這就是結合多重的因緣，才是三合板的功用。

再如一個男性，沒有另一半，他也難以生活。例如管家、洗衣、煮飯這許多的家務，家裡沒有一個女主人，實在就不像一個家庭，所以要徵求女性伴侶。他希望女性也是一塊「三合板」：有嬌媚的面容，有溫柔的氣質，有高貴的儀態，有討人喜歡的性格；其他還要有知識、女紅、技藝等特長。因爲結合很多的因緣，才能成爲三合板。

人，不能沒有要求，但也不能要求過多，一層太單薄，多層太累贅，三層最適中。所以，男女之間的要求，不要太多。

三合板的觀念，擴充及於人生社會，我們對國家社會、對親人朋友，不能沒有要求，但不可以要求太多。三合板，適可而止；如果希望太多，那就只有要求自己了。

世間萬象畢竟是萬象，就讓自己做一個「三合板」來加以融和吧！

《人間福報》二〇〇〇年九月二十九日

不知道的快樂

俗云：「眼不見，嘴不饞；耳不聽，心不煩。」凡事都知道，自有知道的樂趣；有時候不知道，也有不知道的快樂。

人家背後批評我，我不知道，也就隨他去了；有一些憂煩的事，我已記不得，那就任他去吧！假如有人想算計我，有人討了我的便宜，因爲我不知道，心裡就不會有罣礙。親朋好友，有一些不順利的事，我不知道，就不會爲他憂煩；家人骨肉，發生了一些不幸的事，我不知道，也不會爲他著急。

不知道，自有不知道的無限妙趣。你背著我偷吃東西，我不知道，

我就不會想吃；你瞞著我擁有很多東西，因爲我不知道，我就不會嫉妒你而放不下。

明天有一些不好的事，我今天不知道，我今天就能過得很快樂；明年我有一些災厄危難，因爲不知道，我今年就會活得很安然。

人都希望要知道很多；其實知道得越多，煩惱也越多。知識不但是煩惱的根源，知識有時也會生病；知識生病了，就成爲「痴」。社會上所謂「智慧型的犯罪」，這不就是因爲知道得太多，知識太豐富了，結果聰明反被聰明誤嗎？

甚至今日科技發達，也爲人類帶來了更多、更大的痛苦。例如發明槍炮子彈、原子核能等武器，結果其殺傷力愈大，人類的苦難也就愈多。乃至汽車、飛機的發明，造成今日交通事故不斷，空難頻傳。尤其現代最新科技DNA的基因比對，使得一些原本幸福美滿的家庭，因爲發現相愛的夫妻原來是兄妹，原本疼愛的兒女竟是妻子外遇的結果，如此「知道」，教人情何以堪！

人都有「知」的權利，所謂「先睹爲快」：凡事是我第一個知道的，就會感到洋洋自得。然而，對於血淋淋的兇殺案，你看了獨家報導，聽了第一手資料採訪，目睹電視上播出的最早畫面，難道這些都會讓你感到快意嗎？

社會上有許多專家學者，他們知道天下國家大事，甚至知道古往今來，試問：他們眞的很快樂嗎？

所以，當知道的時候應該知道，因爲太過無知，就會給人批評爲愚蠢；不應該知道的，也不必要知道，所謂「大智若愚」，如此才不會失去原有的自在。

世間上的事，都是從分別而認識、而知道；既然是分別意識中的知見，就會計較，就會患得患失。所以，僧肇大師喊出《般若無知論》，以般若智慧的最高極限乃是「無明而知」；也就是要從大圓鏡智不分別而能全部現前，這才是圓滿的眞知，否則所謂「難得糊塗」，面對世事紛紜，不知道也自有不知道的快樂啊！

《人間福報》二〇〇〇年九月三十日

邪理可怕

現在的人，不明白道理，愚癡倒也罷了！有時候他把不是道理的道理，執著以爲是道理，似是而非，所謂道理成爲「戒取見」、「戒禁取見」，才是可怕。

有個學生考試作弊，老師說：「我警告你，你偷看鄰座的考卷已經三次了。」

學生說：「老師，你不要怪我，你應該要怪他，是他把字寫得又小、又潦草，否則我只要看一次就夠了！」

虧得這種學生，竟然可以跟老師講出這樣的歪理來，邪理眞是可怕啊！

有一位機車騎士闖紅燈，被警察攔了下來，警察質問他：「你爲什麼要闖紅燈？難道你沒有看到紅燈嗎？」

騎士回答道：「警察先生，紅燈我是看到了，只是我沒有看到你！」

這個騎士的邪理，竟然也虧他說得出口！

祖父因爲孫兒不乖，打了孫兒一個耳光。孫兒的父親見了，心中不歡喜，立刻自己打自己的耳光。祖父問兒子道：「你爲什麼自己打自己呢？」

兒子回答說：「因爲你打我的兒子，我也要打你的兒子！」

世間上虧得也有人說得出這種的歪理，眞叫人覺得不可思議！

一個小偷偷了人家的三千元，被主人抓到，責問他：「你怎麼可以偷我的錢財？」

小偷說：「你荷包中有五千元，我只偷了三千元，你還要計較什麼！」

歪理，邪理，實在是可怕！佛教講「眞理」，眞理必須有條件的限制。一句話，有理沒有理？一件事，有理沒有理？就看你這一句話、這一件事，有普遍性嗎？有必然性嗎？有平等性嗎？有永恆性嗎？合乎這許多的條件，就叫做眞理；不合乎這許多的條件，就是歪理、邪理。憑恃歪理、邪理行事，終究不能永久見容於人，所以不得不愼啊！

一個人無理取鬧，就已經很可怕了，假如他再用似是而非的歪理、邪理來跟人相處，此人比無理之人更加可怕吧！

過去佛教寺院的禪堂裡，有理三扁擔，無理也是三扁擔，打得你都沒有理，所謂「打得念頭死，許汝法身活」，這也不是沒有道理喔！

《人間福報》二〇〇〇年十月一日

不二法門的哲學

佛光山有個「不二門」，常有人問：什麼意思？

佛光山坐北朝南，每天早上，太陽從東方升起，到了黃昏，又從西方下去；升也未曾升，下也未曾下。何以形容呢？「不二」之謂也。

人有生，也有死。太陽從東方升起，如人之生也；太陽從西方下去，如人之死也。生也未曾生，生了要死；死也未曾死，因爲又會再生。所以，基本上，人生是「生死不二」也！

有人說：中國文化是東方文化，歐美文化指爲西方文化。東方文化重視人文精神，是爲體；西方文化重在科學應用，是爲用。東西文化，體用不二，是爲「不二」也。

佛光山的「不二門」，取自於《維摩經》的「不二法門」之意。在《維摩經》記載，有一天，維摩居士示疾，文殊菩薩率領諸大菩薩前往探病，雙方就在維摩丈室裡討論起「不二法門」之意來。

首先，在場的三十一位菩薩，各就所見，提出發言。最後文殊菩薩說：「照我的見解，於一切法無言無說，無示無識，離諸問答，這才是入不二法門。」

文殊菩薩說後，反問維摩詰說：「現在換我來請問你，菩薩是怎樣進入不二法門的。」此時維摩詰默然無對，眾皆愕然，唯有文殊菩薩智慧超人，懂得此中奧祕，乃向大家說：「善哉！善哉！乃至無有語言文字，是眞入不二法門。」

像這麼奔放美麗的人生哲學，眞是令人不禁拍案叫絕！

在世間上，「善和惡」，善的不是惡，惡的也不是善，我們要分清楚；

「是和非」，是不是非，非也不是是，我們要分清楚；好不是壞，壞不是好，我們要分清楚。等於大不是小，小不是大，因爲這是世間法，必定要有一有二，要承認這個事實。

所謂「不二」，這是佛法上的出世法，佛法講「煩惱即菩提」，理上是不二的。例如，原本酸澀的鳳梨、柿子，經過和風的吹拂，陽光的照耀，就能成熟而變成滋味甜美的水果，可見酸即是甜，甜離不開酸。所以「煩惱即菩提」，這是出世法。

出世法看世間，是從理上來解悟，但是在還沒有覺悟的時候，不可以在理上廢事。我們可以用理來解事，可以因事而明理，能夠「理事圓融」，那才是眞正的「不二」。吾人若能將「不二法門」的哲學應用在生活上，自能「人我一如」、「自他不二」也！

《人間福報》二〇〇〇年十月二日

學習關心

世界上美好的事情很多，「關心」是最爲人所需要了。例如移民關心祖國、遊子關心家庭、父母關心兒女，乃至關心生病的親人等；「關心」，實在是最美好的事！

關心，在溝通彼此的尊重；關心，在溝通彼此的存在。「關心」可以從日常生活中表露無遺，例如，不管中外人士，早晨見面，識與不識，都說「你好嗎？」甚至中國人相互見面了，打招呼就是「你吃過飯了沒有？」這都表示關心。

「烽火連三月，家書抵萬金」；因爲從艱難危險中，能夠獲得了平安

的訊息，更比萬金可貴。所以，親人相隔千里萬里，能夠打一通電話、寫一紙卡片，總是表示關心。

聽人傾訴，是表示關心；專程訪問，也是表達關心。適當的送禮、災情的慰問、疾病的關懷、考試的祝福、喜喪婚慶的致意等，總之，一句關心，就是代表一種善意、一種友愛、一種祝福、一種連絡。

尤其，對於弱小的、對於苦難的、對於失意的、對於挫折的，更需要人的關心。一通鼓舞的電話，一封慰問的信函，一些適時的探望，可能在對方就是一個轉捩點。

關心，比物質、金錢的救助更爲重要。現在的社會進步，凡是有善心的人，都抱著「人飢己飢，人溺己溺」的愛心，給予救災恤貧，給予多方協助。但是，老弱的人最需要的是關心，貧苦的人更希望的是關懷。因爲「救濟」容易使人沒有尊嚴；「關心」會令人得到鼓舞。所以，佛陀對愚笨的周利槃陀伽的關懷，對擔糞的尼提的關懷；尤其佛陀說，對於病苦的眾生，更要多一分關懷。我們從小受過多少人的關懷，但是我們關懷過多少別人嗎？

學習關心別人，更要懂得關心自己。例如，春天到了，你有播種嗎？大考到了，你有讀書嗎？午餐時間到了，你有煮飯嗎？客人要來了，你在接待上有困難嗎？

所謂「貧在鬧市無人問，富在深山有遠親。」榮華富貴的人，你可以不去記著他；窮困潦倒的時候，你能伸出友誼的手，可能比黃金還要寶貴。所以，錦上添花不名爲關心，能夠雪中送炭，才是最好的關心。

《人間福報》二〇〇〇年十月三日

國家圖書館出版品預行編目資料

度一切苦厄／星雲大師著.---初版---臺北市：
香海文化出版, 2004〔民93〕
面：公分.－－（迷悟之間典藏版；2）
ISBN 978-957-2973-75-2（精裝）

1.佛教－語錄

225.4 93013822

度一切苦厄 迷悟之間典藏版②

作者／星雲大師
發行人／吳素真（慈容）
主編／佛光山法堂書記室
香海文化編輯部
責任編輯／蔡孟樺
封面設計／妙松
美術編輯／鄭美玲
圖片提供／世界佛教美術圖典
出版者／香海文化事業有限公司
地址／台北市110信義區松隆路327號9樓
電話／02-27483302 傳真／02-27605594
劃撥帳號／19110467 香海文化事業有限公司
網址／http://www.gandha.com.tw
e-mail:gandha@ms34.hinet.net

總經銷／時報文化出版企業股份有限公司
地址／台北縣中和市連城路134巷16號5樓
電話／02-23066842
法律顧問／舒建中、毛英富
登記證／局版北市業字第1107號
2004年09月初版一刷 2013年05月初版三刷
2009年01月初版二刷
全套定價／3000元整 單本定價／300元整
ISBN／978-957-2973-75-2

香海文化

香海文化

香海文化

香海文化

香海文化

香海文化

香海文化

香海文化

香海文化

香海文化

香海文化

香海文化

香海文化

香海文化

香海文化

香海文化

香海文化

香海文化

香海文化

香海文化

香海文化

香海文化

香海文化

香海文化

香海文化

香海文化